Denkhaus/Geiger

Praxishandbuch zum Bayerischen Digitalgesetz (BayDiG)

Eine prozessorientierte Darstellung

Praxishandbuch zum Bayerischen Digitalgesetz (BayDiG)

Eine prozessorientierte Darstellung

von

Dr. Wolfgang Denkhaus
Bay. Digitalministerium, München

Klaus Geiger
Bayerischer Landkreistag, München

jehle

Bibliografische Informationen der Deutschen Nationalbibliothek

Die Deutsche Nationalbibliothek verzeichnet diese Publikation in der Deutschen Nationalbibliografie; detaillierte bibliografische Daten sind im Internet über <http://dnb.d-nb.de> abrufbar.

Bei der Herstellung des Werkes haben wir uns zukunftsbewusst für umweltverträgliche und wiederverwertbare Materialien entschieden.
Der Inhalt ist auf elementar chlorfreiem Papier gedruckt.

Rechtsstand: 1.1.2025

ISBN 978-3-7825-0633-5

E-Mail: kundenservice@hjr-verlag.de
Telefon: +49 89/2183-7928
Telefax: +49 89/2183-7620

Satz: preXtension, Mauerner Str. 2, 82284 Grafrath
Druck: Westermann Druck Zwichau GmbH, Crimmitschauer Str. 43, Zwickau

Vorwort

Mit dem Bayerischen Digitalgesetz wird erstmals ein allgemeiner Rechtsrahmen für die Digitalisierung im Freistaat Bayern geschaffen. Das Gesetz adressiert alle Ebenen der öffentlichen Verwaltung in Bayern. Es definiert nicht nur digitalpolitische Grundsätze und Ziele, sondern konkretisiert zugleich die notwendige Umsetzungsmaßnahmen in den staatlichen und kommunalen Behörden. Ziel des Gesetzes ist es unter anderem, die Digitalisierung der Verwaltung und den Ausbau digitaler Verwaltungsangebote im Interesse der Bürgerinnen und Bürger, der Gesellschaft und der Wirtschaft zu fördern und zu gestalten.

Dies betrifft etwa die digitale Kommunikation (Art. 16 ff.), das Verwaltungsverfahren vom digitalen Antrag bis zum digitalen Bescheid (Art. 19 ff.), die erforderlichen Maßnahmen zur Umsetzung des OZG in Bayern (Portalverbund Bayern, Art. 26 ff.), die für die Digitalisierung notwendige IT-Sicherheit (Art. 41 ff.) sowie die Zusammenarbeit und Abstimmung zwischen Freistaat Bayern und Kommunen (Art. 50 ff.). Bundesweit erstmals schafft das Bayerische Digitalgesetz auch Rechte von Bürgerinnen, Bürgern und Unternehmen im E-Government (Art. 11 ff. BayDiG).

Das vorliegenden Praxishandbuch greift diese Schwerpunkte auf und soll Sie bei der rechtsicheren Umsetzung der Vorgaben des Bayerischen Digitalgesetzes praxisnah unterstützen. Das Handbuch bietet einen kompakten Überblick zum Bayerischen Digitalgesetz; die wesentlichen Regelungen und Pflichten werden anschaulich erläutert. In der prozessorientierten Darstellung stehen die digitale Kommunikation, die digitale Antragstellung und Antragsbearbeitung sowie die digitale Bekanntgabe und Zustellung im Mittelpunkt. Ein Überblick zum Onlinezugangsgesetz stellt die bayerische Gesetzgebung in den bundesgesetzlichen Kontext. Wiederholungs- und Vertiefungsfragen laden dazu ein, die Inhalte zu verfestigen.

Die Verfasser hoffen, dass das vorliegende Praxishandbuch sowohl den Entscheidungsträgern als auch den für die Umsetzung verantwortlichen Mitarbeiterinnen und Mitarbeitern die notwendigen Werkzeuge an die Hand gibt, um die Digitalisierung ihrer Verwaltungen erfolgreich zu gestalten.

München, im Juli 2025

Dr. Wolfgang Denkhaus — Klaus Geiger

Inhaltsverzeichnis

Teil A
ABC der digitalen Verwaltung

A

AKDB

Anstalt für Kommunale Datenverarbeitung in Bayern. Anstalt öffentlichen Rechts in Trägerschaft der Kommunalen Spitzenverbände in Bayern. Aufgabe der AKDB ist es, für die rationelle Erledigung automationsfähiger Arbeiten, die ihr von den kommunalen Gebietskörperschaften, dem Staat oder Dritten übertragen werden, zu sorgen; dabei soll die AKDB die Entwicklung der elektronischen Datenverarbeitung im kommunalen Bereich aufeinander abstimmen und die Zusammenarbeit und den Datenaustausch sicherstellen.

ALKIS

Amtliches **L**iegenschafts**K**ataster**I**nformations**S**ystem. Bundesweit einheitlicher Standard für die Daten des Liegenschaftskatasters.

Allgemeiner Auskunftsanspruch

Anspruch auf Auskunft gegenüber Behörden in Bayern gem. Art. 39 BayDSG, Voraussetzung ist insbesondere ein berechtigtes Interesse.

Antragsmanager

Basisdienst des Freistaates Bayern, über den Formulare zentral bereitgestellt werden. Das digitale Ausfüllen der Formulare wird unterstützt (z. B. Plausibilitätsprüfung) und die eingegebenen Daten werden elektronisch an die zuständige Behörde übermittelt. Die bereitgestellten Formulare können über den → BayernStore abonniert werden.

Asymmetrische Verschlüsselung

Auch Public-Key-Verschlüsselung genannt. Verschlüsselung, bei der Informationen mit dem öffentlichen Schlüssel in ein nicht lesbares sogenanntes Chiffrat überführt werden und nur mit dem geheimen (privaten) Schlüssel wieder in ihre ursprüngliche Form zurückgeführt werden können. Vgl. auch symmetrische Verschlüsselung.

Auftragskontrolle

Maßnahmen, um zu gewährleisten, dass personenbezogene Daten, die im Auftrag verarbeitet werden, nur entsprechend den Weisungen des Verantwortlichen verarbeitet werden können.

Auftragsverarbeitung

Auftragsverarbeitung im Sinne des Datenschutzrechts bedeutet die Verarbeitung personenbezogener Daten durch einen Auftragsverarbeiter (regelmäßig ein entsprechender Dienstleister) im Auftrag des Verantwortlichen. Die Auftragsverarbeitung erleichtert arbeitsteiliges Handeln. Dabei wird dem Auftragsverarbeiter nicht die eigentliche (Verwaltungs-)Aufgabe übertragen, sondern nur eine Hilfstätigkeit.

Authega

Authega ist eine IT-Komponente, die in der → BayernID eine sichere Authentifizierung mittels eines digitalen Zertifikats bei Online-Verfahren ermöglicht. Mit Einführung von ELSTER als neuer Anmeldeoption wurde die Registrierung mit einem Authega-Zertifikat deaktiviert. Eine Anmeldung mit dem bestehenden Authega-Zertifikat ist weiterhin möglich.

Authentifizierung

Elektronischer Prozess, der die Bestätigung der elektronischen Identifizierung einer natürlichen oder juristischen Person oder die Bestätigung des Ursprungs und der Unversehrtheit von Daten in elektronischer Form ermöglicht.

B

Barrierefreiheit (Informationstechnik)

Technische Gestaltung von Internet- und Intranetauftritten und -angeboten sowie von grafischen Programmoberflächen so, dass sie von Menschen mit Behinderung grundsätzlich uneingeschränkt genutzt werden können.

Basisdienst

Digitale Verwaltungsinfrastrukturen, die der Freistaat Bayern zur behördenübergreifenden Nutzung bereitstellt (Art. 37 Abs. 1 Satz 1 BayDiG).

BayDiG

Gesetz über die Digitalisierung im Freistaat Bayern (Bayerisches Digitalgesetz – BayDiG). Das Gesetz ist am 1.8.2022 in Kraft getreten und hat das → Bayerische E-Government-Gesetz (BayEGovG) ersetzt.

BayDiV

Verordnung über die Digitalisierung im Freistaat Bayern (Bayerische Digitalverordnung – BayDiV). Die Verordnung ist am 1.8.2023 in Kraft getreten und hat die → Bayerische E-Government-Verordnung (BayEGovV) ersetzt.

BayDSG

Bayerisches Datenschutzgesetz (BayDSG), gilt insbesondere für die Behörden und sonstigen öffentlichen Stellen des Freistaates Bayern, der Gemeinden, Gemeindeverbände und der sonstigen der Aufsicht des Freistaates Bayern unterstehenden juristischen Personen des öffentlichen Rechts.

BayEGovG

Bayerisches E-Government-Gesetz (BayEGovG) vom 22.12.2015 (GVBl. S. 458, BayRS 206-1-F); wurde ab 1.8.2022 durch das → Bayerische Digitalgesetz (BayDiG) ersetzt.

BayEGovV

Bayerische E-Government-Verordnung (BayEGovV) vom 8.11.2016 (GVBl. S. 314, BayRS 206-1-1-D); wurde ab 1.8.2023 durch die → Bayerische Digitalverordnung (BayDiV) ersetzt.

Bayerischer Formularserver

→ Antragsmanager

Bayerisches Behördennetz

Geschlossenes Netzwerk für staatliche und sonstige angeschlossene Stellen (z. B. Kommunen).

BayernApp

Neben dem → BayernPortal bietet die BayernApp einen mobilen Zugang zu staatlichen und kommunalen Verwaltungsleistungen. Zusätzlich können Neuigkeiten zu verschiedensten Themen, Statistiken sowie die kostenfreien BayernWLAN-Hotspots angezeigt werden. Die BayernApp kann über den Google Play Store und Apple Store heruntergeladen werden.

BayernAtlas

Kartenviewer des Freistaates Bayern mit Karten, Luftbildern und vielfältigen Themenkarten.

BayernID

Die BayernID ist das digitale Bürgerkonto des Freistaates Bayern. Damit können sich Bürgerinnen und Bürger in Bayern für die Nutzung von staatlichen und kommunalen Verwaltungsleistungen anmelden und ihre Identität bestätigen. Zum Bürgerkonto gehört auch ein elektronisches → Postfach für den sicheren und verschlüsselten Empfang von Nachrichten.

BayernPackages

Gemeinsam von Freistaat Bayern und Kommunalen Spitzenverbänden ausgewählte Dienste, die grundsätzlich gemeinsam finanziert werden. Die BayernPackages beinhalten → EfA-Leistungen und Nicht-EfA-Leistungen (v.a. Marktlösungen), die in der Anlage zur → BayDiV aufgeführt sind.

BayernPortal

Das BayernPortal als allgemeines Verwaltungsportal des Freistaates Bayern bietet bayernweit einen zentralen Zugang zu staatlichen und kommunalen Verwaltungsleistungen. Es ist Teil des → Portalverbunds Bayern.

BayernStore

Über den BayernStore können Behörden Online-Formulare, die von den fachlich zuständigen Ministerien zentral über den → Antragsmanager bereitgestellt werden, für ihre Behörde abonnieren bzw. freischalten. Der BayernStore ist in das → Redaktionssystem des → BayernPortals integriert. Behörden können nur die Online-Formulare abonnieren, die einer Leistung zugeordnet sind, für die sie zuständig sind.

BayKommun AöR

Rechtsfähige Anstalt des öffentlichen Rechts in der gemeinsamen Trägerschaft des Freistaates Bayern sowie der Gemeinden, Landkreise und Bezirke (Art. 52 BayDiG). Die BayKommun erfüllt die Aufgeben gemäß Art. 53 Abs. 1 BayDiG, insbesondere das Ausrollen der → BayernPackages.

Benutzerkontrolle

Maßnahmen, um zu verhindern, dass automatisierte Datenverarbeitungssysteme mithilfe von Einrichtungen zur Datenübertragung von Unbefugten genutzt werden können.

Besonderes elektronisches Behördenpostfach (beBPo)

Sicherer Übermittlungsweg für die elektronische Kommunikation insbesondere mit den Gerichten. Das beBPo beruht auf der Infrastruktur des Elektronischen Gerichts- und Verwaltungspostfachs (EGVP).

Bundesamt für Sicherheit in der Informationstechnik (BSI)

Das 1991 gegründete Bundesamt gehört zum Geschäftsbereich des Bundesministeriums des Innern und für Heimat und ist für die Informationssicherheit auf nationaler Ebene zuständig.

Bürgerkonto, bayerisches

Nutzerkonto des Freistaates Bayern, das natürlichen Personen für ihre privaten, nicht wirtschaftlichen Verwaltungskontakte zur Verfügung steht (Art. 29 Abs. 2 Satz 1 BayDiG).

C

CIO

Chief Information Officer (CIO), nimmt allgemein die Aufgaben der strategischen und operativen Führung der Informationstechnik in der Staatsverwaltung wahr.

CISIS12

CISIS12 ist ein → Informationssicherheitsmanagementsystem (ISMS) in zwölf Schritten. CISIS12 besteht aus einer Norm, dem Maßnahmenkatalog sowie einem Handbuch als Grundlage der Umsetzung.

CISO

Chief Information Security Officer (CISO) ist – im Rahmen der Vorgaben des CIO – für die Gewährleistung der Informationssicherheit in der Staatsverwaltung zuständig.

Cloud Computing

Cloud Computing ist ein Modell, das es erlaubt bei Bedarf, jederzeit und überall bequem über ein Netz auf einen geteilten Pool von konfigurierbaren Rechnerressourcen (z. B. Netze, Server, Speichersysteme, Anwendungen und Dienste) zuzugreifen, die schnell und mit minimalem Managementaufwand oder geringer Serviceprovider-Interaktion zur Verfügung gestellt werden können.

D

Datenschutzbeauftragter

Nach Art. 37 Abs. 1 Buchst. a DSGVO hat jede öffentliche Stelle einen Datenschutzbeauftragten zu benennen. Die Stellung und die Aufgaben des behördlichen Datenschutzbeauftragten ergeben sich aus Art. 37 bis 39 DSGVO und Art. 12, 24 Abs. 5 BayDSG.

Datenträgerkontrolle

Maßnahmen, um zu verhindern, dass Datenträger unbefugt gelesen, kopiert, verändert oder entfernt werden können.

De-Mail

De-Mail ist ein Kommunikationsmittel zur sicheren, vertraulichen und nachweisbaren Kommunikation im Internet im Sinne von § 1 Abs. 1 De-Mail-Gesetz. De-Mail wird von privaten De-Mail-Providern angeboten, die sich beim → Bundesamt für Sicherheit in der Informationstechnik akkreditieren müssen.

De-Mail-Dienste

Dienste auf einer elektronischen Kommunikationsplattform, die einen sicheren, vertraulichen und nachweisbaren Geschäftsverkehr für jedermann im Internet sicherstellen sollen (§ 1 Abs. 1 De-Mail-Gesetz).

Dienstleistungsportal Bayern

Über das Dienstleistungsportal Bayern können sich Unternehmer über alle für ihre Tätigkeit erforderlichen Formalitäten und Verfahren, die zuständigen Stellen und den Einheitlichen Ansprechpartner informieren. Mit dem Portal werden die Vorgaben der

Europäischen Dienstleistungsrichtlinie (EG-DLR) umgesetzt. Deren Ziel ist der Abbau bürokratischer Hindernisse und die Förderung des grenzüberschreitenden Dienstleistungsverkehrs.

Digitale Bekanntmachung

Digitale Bekanntmachung von veröffentlichungspflichtigen Mitteilungen und amtlichen Verkündungsblättern über das Internet. Geregelt in Art. 17 Abs. 3 BayDiG.

Digitale Verwaltung

→ E-Government

DigitalStore

Über den DigitalStore können Online-Anträge nachgenutzt werden, die im Rahmen des Projekts Digitaler Werkzeugkasten des Innovationsrings des Bayerischen Landkreistags umgesetzt worden sind.

Digitalisierung

Überführung von der analogen in die digitale Form, wie etwa beim → ersetzenden Scannen. Im weiteren Sinne steht Digitalisierung für einen umfassenden Prozess der digitalen Vernetzung und die damit zusammenhängenden Veränderungen.

Dokument

Umfasst papiergebundene oder elektronisch erstellte Objekte wie E-Mail, Datenbankauszüge und andere Dateien, einschließlich aller ergänzenden Angaben (z. B. Metadaten), die zum Verständnis der Informationen notwendig sind.

Dokumentenmanagementsystem (DMS)

Ein DMS ist ein System zur Verwaltung und Archivierung von elektronischen Dokumenten. Dokumentenmanagementsysteme kommen im Rahmen der elektronischen Aktenführung zum Einsatz und ermöglichen z. B. die Versionierung von Dokumenten.

E

EfA-Leistungen

Leistungen, die nach dem „Einer für Alle"-Prinzip grundsätzlich von einem Bundesland entwickelt worden sind und anschließend anderen Ländern sowie Kommunen zur Nachnutzung angeboten werden.

E-Government

Zielgerichteter Einsatz von Informations- und Kommunikationstechnologien zur Erfüllung von Verwaltungsaufgaben.

E-Government-Pakt

Der E-Government-Pakt regelte von 2002 bis 31.7.2022 die Zusammenarbeit zwischen dem Freistaat Bayern und den Kommunalen Spitzenverbänden im Bereich des E-Governments. Der E-Government-Pakt wurde mit Inkrafttreten des Bayerischen Digitalgesetzes ab 1.8.2022 abgelöst durch den Kommunalen Digitalpakt.

Eingabekontrolle

Maßnahmen, um zu gewährleisten, dass nachträglich überprüft und festgestellt werden kann, welche personenbezogenen Daten zu welcher Zeit von wem in automatisierte Datenverarbeitungssysteme eingegeben worden sind.

Elektronische Akte

Eine elektronische Akte ist eine logische Zusammenfassung sachlich zusammengehöriger oder verfahrensgleicher Vorgänge und/oder Dokumente, die insbesondere alle aktenrelevanten E-Mails, sonstige elektronisch erstellte Unterlagen sowie gescannte Papierdokumente umfasst und so eine vollständige Information über die Geschäftsvorfälle eines Sachverhalts ermöglicht.

Elektronische Identifizierung

Prozess der Verwendung von Personenidentifizierungsdaten in elektronischer Form, die eine natürliche oder juristische Person oder eine natürliche Person, die eine juristische Person vertritt, eindeutig repräsentieren.

Elektronische Rechnung (E-Rechnung)

Eine Rechnung ist elektronisch, wenn sie in einem strukturierten elektronischen Format ausgestellt, übermittelt und empfangen wird, das ihre automatische und elektronische Verarbeitung ermöglicht.

Elektronischer Rechtsverkehr

Der elektronische Rechtsverkehr ermöglicht eine sichere und rechtsverbindliche Kommunikation mit den Gerichten.

Elektronisches Siegel

Daten in elektronischer Form, die anderen Daten in elektronischer Form beigefügt oder logisch mit ihnen verbunden werden, um deren Ursprung und Unversehrtheit sicherzustellen.

Elektronische Signatur

Daten in elektronischer Form, die anderen elektronischen Daten beigefügt oder logisch mit ihnen verbunden werden und die der Unterzeichner zum Unterzeichnen verwendet.

ELSTER

ELSTER steht für die **EL**ektronische **ST**euer**ER**klärung. Mit dem ELSTER-Zertifikat ist eine Registrierung und Anmeldung bei der → BayernID und dem → Organisationskonto möglich.

Ende-zu-Ende-Verschlüsselung

Durchgängige Verschlüsselung zwischen Sender und Empfänger.

ePayBL

Software ePayBL (**ePay**ment **B**und-**L**änder), die von einer Entwicklergemeinschaft aus Vertretern des Bundes und mehrerer Bundesländer kontinuierlich weiterentwickelt wird. Die wesentlichen Funktionen der Software bilden die Grundlage für den Basisdienst → ePayment des Freistaates Bayern.

ePayment

Mit dem Basisdienst ePayment lassen sich gebührenpflichtige Antragsprozesse abbilden. Der Basisdienst beruht auf der Software → ePayBL und wird den Kommunen vom Freistaat dauerhaft und betriebskostenfrei zur Verfügung gestellt.

Ergänzendes Scannen

Scanprozess, bei dem das Papieroriginal nach dem Scannen weiterhin aufbewahrt wird.

Ersetzendes Scannen

Scanprozess, bei dem das Papieroriginal nach dem Scannen vernichtet wird.

G

Geodaten

Geodaten haben als kennzeichnendes Element einen Raumbezug, über den sie miteinander verknüpft und dargestellt werden können. Sie beschreiben Objekte und Sachverhalte, die durch eine Position im Raum direkt (z. B. durch Koordinaten) oder indirekt (z. B. durch Beziehungen) referenzierbar sind.

Geodatendienste

Internetdienste, die über standardisierte Schnittstellen den Austausch von Daten erlauben bzw. Funktionen auf fremden Rechnern aufrufen. Dazu muss in der Regel eine geeignete Software verwendet werden. Diese kann z. B. eine Internetanwendung wie der → BayernAtlas oder ein lokal installiertes Geoinformationssystem (GIS) sein.

Geodateninfrastruktur Bayern (GDI-BY)

Die GDI-BY schafft technische und organisatorische Voraussetzungen, um → Geodaten für Verwaltung, Wirtschaft, Wissenschaft und Bürger verfügbar zu machen.

Geoportal Bayern

Das Geoportal Bayern ist der zentrale Zugang zu Geodaten und Geodatendiensten der → Geodateninfrastruktur Bayern (GDI-BY).

H

Hinkanal

Elektronische Kommunikation vom Bürger „hin" zur Behörde, siehe auch „Rückkanal".

Hybride Akte

Akte, die sowohl elektronische Bestandteile als auch solche in Papierform enthält. Gerade bei hybrider Aktenführung ist eine Festlegung wichtig, ob die elektronische Akte oder die Papierakte die „führende Akte" ist.

I

Informationssicherheit

Informationssicherheit hat das Ziel, Informationen jeglicher Art und Herkunft zu schützen. Dabei können Informationen auf Papier, in IT-Systemen oder auch in den Köpfen der Benutzer gespeichert sein. Die klassischen Grundwerte der Informationssicherheit sind → Vertraulichkeit, → Integrität und → Verfügbarkeit.

Informationssicherheitsbeauftragter

Informationssicherheitsbeauftragte haben in der Regel die Aufgabe, auf die Sicherheit der informationstechnischen Systeme in der Behörde hinzuwirken. Im Gegensatz zum behördlichen Datenschutzbeauftragten sind die Aufgaben und Befugnisse des Informationssicherheitsbeauftragten nicht gesetzlich geregelt.

Informationssicherheitskonzept

Konzept mit technischen, operativen und organisatorischen Maßnahmen, um die Sicherheit der informationstechnischen Systeme der Behörden im Rahmen der Verhältnismäßigkeit sicherzustellen (Art. 43 Abs. 1 BayDiG).

Integrität

Grundwert der Informationssicherheit, um die Korrektheit der Daten und die Funktionsweise der Systeme zu schützen.

Interoperabilität

Interoperabilität steht für die Fähigkeit zur Kombination und Interaktion verschiedener Systeme, Techniken oder Daten unter Einhaltung gemeinsamer Standards.

ISMS

Ein Informationssicherheitsmanagementsystem (ISMS) ist ein Rahmenwerk zur Etablierung und Fortführung eines kontinuierlichen Prozesses zur Planung, Lenkung und Kontrolle der Konzepte und Aufgaben, die auf die Wahrung der Ziele der → Informationssicherheit in einer Institution gerichtet sind.

ISO/IEC 27001

Internationale Norm zum Management von Informationssicherheit, die auch eine Zertifizierung ermöglicht.

IT-Grundschutz

Methodik des → Bundesamts für Sicherheit in der Informationstechnik. Der IT-Grundschutz ist eine ganzheitliche Vorgehensweise, um für Institutionen aller Arten und Größen eine angemessene Informationssicherheit umzusetzen.

IT-Planungsrat

Der Planungsrat für die IT-Zusammenarbeit der öffentlichen Verwaltung zwischen Bund und Ländern (IT-Planungsrat) koordiniert die Zusammenarbeit von Bund und Ländern in Fragen der Informationstechnik, beschließt fachunabhängige und fachübergreifende IT-Interoperabilitäts- und IT-Sicherheitsstandards, koordiniert und unterstützt die Zusammenarbeit von Bund und Ländern in Fragen der Digitalisierung von Verwaltungsleistungen, steuert ihm zugewiesene E-Government-Projekte und übernimmt bestimmte Aufgaben für das Verbindungsnetz.

IT-Sicherheit

IT-Sicherheit als Teilmenge der → Informationssicherheit konzentriert sich auf den Schutz elektronisch gespeicherter Informationen und deren Verarbeitung.

IT-Staatsvertrag

Vertrag über die Errichtung des IT-Planungsrats und über die Grundlagen der Zusammenarbeit beim Einsatz der Informationstechnologie in den Verwaltungen von Bund und Ländern – Vertrag zur Ausführung von Artikel 91c GG. Bildet die Grundlage für den → IT-Planungsrat.

K

Kommunales Behördennetz

Unter einem kommunalen Behördennetz (KomBN) wird ein gemeinsames elektronisches Netzwerk zwischen dem Landratsamt und den Gemeinden im Landkreis mit (mindestens) zentralem Übergang zum Bayerischen Behördennetz verstanden.

Kritische Infrastrukturen

Kritische Infrastrukturen im Sinne des BSI-Gesetzes sind Einrichtungen, Anlagen oder Teile davon, die den Sektoren Energie, Informationstechnik und Telekommunikation, Transport und Verkehr, Gesundheit, Wasser, Ernährung sowie Finanz- und Versicherungswesen angehören und von hoher Bedeutung für das Funktionieren des Gemeinwesens sind, weil durch ihren Ausfall oder ihre Beeinträchtigung erhebliche Versorgungsengpässe oder Gefährdungen für die öffentliche Sicherheit eintreten würden. Die Kritischen Infrastrukturen werden durch die Rechtsverordnung nach § 10 Absatz 1 BSI-Gesetz näher bestimmt.

L

Landesamt für Datenschutzaufsicht

Das Landesamt für Datenschutzaufsicht ist Aufsichtsbehörde nach Art. 51 DSGVO und nach § 40 des Bundesdatenschutzgesetzes für nicht öffentliche Stellen.

Landesamt für Sicherheit in der Informationstechnik (LSI)

Dem Bayerischen Staatsministerium der Finanzen und für Heimat unmittelbar nachgeordnetes Landesamt, das u.a.

- Gefahren für die Sicherheit der Informationstechnik an den Schnittstellen zwischen Behördennetz und anderen Netzen abzuwehren,
- die staatlichen und die sonstigen an das Behördennetz angeschlossenen Stellen bei der Abwehr von Gefahren für die Sicherheit in der Informationstechnik zu unterstützen,
- sicherheitstechnische Mindeststandards an die Informationstechnik für die staatlichen und die sonstigen an das Behördennetz angeschlossenen Stellen zu entwickeln und deren Einhaltung zu überprüfen sowie
- alle für die Abwehr von Gefahren für die Sicherheit in der Informationstechnik erforderlichen Informationen zu sammeln und auszuwerten sowie die staatlichen und sonstigen an das Behördennetz angeschlossenen Stellen unverzüglich über die sie betreffenden Informationen zu unterrichten

hat (Art. 42 BayDiG).

Landesbeauftragter für den Datenschutz

Der Bayerische Landesbeauftragte für den Datenschutz ist zuständige Aufsichtsbehörde nach Art. 51 DSGVO und überwacht die Einhaltung der Vorschriften über den Datenschutz bei den öffentlichen Stellen.

M

Medienbruchfreiheit

Durchgängig digitale Verarbeitung. Ist bei der Verarbeitung der Information ein Übergang auf ein anderes Medium (z. B. Papier) erforderlich, liegt hierin ein Medienbruch.

Mehrkanalprinzip

Möglichkeit, die Behörde über mehrere Kommunikationskanäle, digital und analog, zu erreichen.

Metadaten

Metadaten bzw. Metainformationen sind strukturierte Daten, die Informationen über andere Informationsressourcen enthalten („Daten über Daten").

N

Nutzerkonto

Nutzerkonten gewährleisten die sichere Authentifizierung von Personen, die für sich oder im Namen einer Organisation digitale Verwaltungsleistungen nutzen. Hierfür gibt es zum einen das Nutzerkonto für Bürgerinnen und Bürger (→ BayernID) sowie zum anderen das Nutzerkonto für Organisationen (→ Organisationskonto).

O

Organisationskonto

Einheitliches Nutzerkonto von Bund und Ländern, das juristischen Personen, Vereinigungen, denen ein Recht zustehen kann, natürlichen Personen, die beruflich oder wirtschaftlich tätig sind oder wirtschaftliche Fördermaßnahmen in Anspruch nehmen, Land- und Forstwirten sowie Behörden zur Inanspruchnahme der Verwaltungs- und Justizleistungen zur Verfügung steht (Art. 29 Abs. 2 Satz 2 BayDiG).

Organisationskontrolle

Maßnahmen, um die innerbehördliche oder innerbetriebliche Organisation so zu gestalten, dass sie den besonderen Anforderungen des Datenschutzes gerecht wird.

Organisationsportal Bayern

Verwaltungsportal des Freistaates Bayern, das die landesweite elektronische Abwicklung aller Verwaltungsleistungen und sonstigen Verwaltungsverfahren ermöglicht, die über das → Organisationskonto abgewickelt werden können (Art. 28 Abs. 1 BayDiG).

P

Personenbezogene Daten

Alle Informationen, die sich auf eine identifizierte oder identifizierbare natürliche Person beziehen; als identifizierbar wird eine natürliche Person angesehen, die direkt oder indirekt, insbesondere mittels Zuordnung zu einer Kennung wie einem Namen, zu einer Kennnummer, zu Standortdaten, zu einer Online-Kennung oder zu einem oder mehreren besonderen Merkmalen, die Ausdruck der physischen, physiologischen, genetischen, psychischen, wirtschaftlichen, kulturellen oder sozialen Identität dieser natürlichen Person sind, identifiziert werden kann (Art. 4 Nr. 1 DSGVO).

Portalverbund Bayern

Der Portalverbund Bayern umfasst das → BayernPortal und das → Organisationsportal Bayern (Art. 26 Abs. 1 Satz 2 BayDiG).

Postfach

Bestandteil der → BayernID und des → Organisationskontos für den sicheren und verschlüsselten Empfang von Nachrichten (z. B. Mitteilungen, Benachrichtigung zum Bearbeitungsstatus, digitaler Bescheid).

R

Redaktionssystem

Über das „Redaktionssystem für Verwaltungsinformationen in Bayern" (BayVIS) können Berechtigte u.a. Daten der eigenen Behörde, von Organisationseinheiten und Ansprechpartnern sowie die Beschreibungen von Verwaltungsleistungen pflegen. Diese Informationen werden u.a. im → BayernPortal, in der → BayernApp und im → Dienstleistungsportal Bayern veröffentlicht.

Ressort-CIO

→ CIO mit Zuständigkeit für ein Ressort der Bayerischen Staatsregierung.

Rückkanal

Übermittlung von elektronischen Dokumenten von der Behörde „zurück" zum Bürger, setzt grundsätzlich eine entsprechende → Zugangseröffnung voraus, siehe auch → Hinkanal.

S

Schriftform

Kennzeichen der Schriftform ist, dass eine Erklärung oder sonstige Information mittels lesbaren Schriftzeichen in der Regel auf Papier verkörpert und auf Dauer fixiert ist.

Schriftformersatz

Digitaler Ersatz eines gesetzlichen Schriftformerfordernisses. Insbesondere geregelt in Art. 3a Abs. 2 und 3 BayVwVfG und Art. 31 Abs. 5 BayDiG.

Speicherkontrolle

Maßnahmen, um zu verhindern, dass personenbezogene Daten unbefugt eingegeben werden sowie gespeicherte personenbezogene Daten unbefugt gelesen, verändert oder gelöscht werden.

Symmetrische Verschlüsselung

Verschlüsselungsverfahren, bei denen – im Gegensatz zu den bei asymmetrischen Verschlüsselungsverfahren eingesetzten privaten Schlüsseln – das gesamte Schlüsselmaterial allen Kommunikationspartnern bekannt ist.

T

Transportkontrolle

Maßnahmen, um zu verhindern, dass bei der Übermittlung personenbezogener Daten sowie beim Transport von Datenträgern die Daten unbefugt gelesen, kopiert, verändert oder gelöscht werden können.

Transport-Verschlüsselung

Transport-Verschlüsselung ist eine Punkt-zu-Punkt-Verschlüsselung. Am Beispiel der E-Mail wird der Inhalt bei der Übermittlung

- zwischen dem Absender und seinem E-Mail-Anbieter sowie
- zwischen zwei E-Mail-Anbietern untereinander und
- zwischen E-Mail-Anbieter und Empfänger

verschlüsselt.

TR-RESISCAN

Technische Richtlinie (TR) „Ersetzendes Scannen“ (RESISCAN) des → Bundesamts für Sicherheit in der Informationstechnik (BSI). Die Richtlinie dient als Entscheidungshilfe, wenn es darum geht, Papierdokumente nicht nur einzuscannen, sondern nach Erstellung des Scanproduktes auch zu vernichten (→ ersetzendes Scannen).

U

Übertragungskontrolle

Maßnahmen, um zu gewährleisten, dass überprüft und festgestellt werden kann, an welche Stellen personenbezogene Daten mithilfe von Einrichtungen zur Datenübertragung übermittelt oder zur Verfügung gestellt wurden oder werden können.

Unternehmenskonto

→ Organisationskonto.

V

Validierung

Prozess der Überprüfung und Bestätigung der Gültigkeit einer elektronischen Signatur oder eines elektronischen Siegels.

Verfügbarkeit

Grundwert der Informationssicherheit, dass nur autorisierte Benutzer auf Informationen und Systeme zugreifen können.

Verschlüsselung

Schutz von Daten davor, von Dritten mitgelesen oder ausspioniert zu werden.

Vertraulichkeit

Grundwert der Informationssicherheit, um Daten und Informationen vor unbefugter Kenntnisnahme zu schützen.

W

Wiederherstellung

Maßnahmen, um zu gewährleisten, dass eingesetzte Systeme im Störungsfall wiederhergestellt werden können.

X

XDOMEA

XDOMEA ist der Datenaustauschstandard von Dokumenten, Vorgängen und Akten sowie weiteren dazugehörigen Daten zwischen unterschiedlichen Systemen in der Verwaltung.

XRechnung

Ein Standard für die Art und die technische Zusammensetzung der Rechnungsinformationen in einem XML-Datensatz. Dieser XML-Datensatz entspricht einer elektronischen Rechnung. Der Standard ermöglicht den Empfang und die Weiterverarbeitung durch unterschiedliche Softwaresysteme.

Z

Zentrale Dienste

Digitale Verwaltungsinfrastrukturen des Staatsministeriums für Digitales oder des Staatsministeriums der Finanzen und für Heimat, die der Freistaat Bayern den Behörden bereitstellt (Art. 37 Abs. 2 Satz 1 BayDiG).

Zugangseröffnung

Zugangseröffnung bedeutet, dass die Behörde

- die technischen und organisatorischen Voraussetzungen für den Zugang schafft (objektive Komponente) und

- darüber hinaus ihren Willen zum Ausdruck bringt, diesen Zugang zu eröffnen (subjektive Komponente).

Zugangskontrolle

Maßnahmen, um Unbefugten den Zugang zu Datenverarbeitungsanlagen, mit denen personenbezogene Daten verarbeitet werden, zu verwehren.

Zugriffskontrolle

Maßnahmen, um zu gewährleisten, dass die zur Benutzung eines automatisierten Datenverarbeitungssystems Berechtigten ausschließlich auf die ihrer Zugriffsberechtigung unterliegenden Daten zugreifen können.

Zuverlässigkeit

Maßnahmen, um zu gewährleisten, dass alle Funktionen des Systems zur Verfügung stehen und auftretende Fehlfunktionen gemeldet werden.

Teil B
Anwendungsbereich: Für wen gilt das Gesetz?

Einleitende Fragestellungen

Bei jedem Gesetz stellt sich aus Sicht von Bürgerinnen, Bürgern und der Behörde die Frage nach dem Anwendungsbereich. Welche Personen, Verfahrensbeteiligte, Bürger und Unternehmen können sich auf das Gesetz berufen? Sind alle Behörden in Bayern an das Gesetz gebunden? Oder gibt es Ausnahmen, z. B. für bestimmte Behördenträger, also z. B. für Bundesbehörden oder für bestimmte Behördentätigkeiten, wie z. B. die Tätigkeiten der Finanzämter nach der Abgabenordnung (Steuerverwaltung)? Und wie verhält sich das BayDiG zu anderen Gesetzen des bayerischen Landesrechts (z. B. BayVwVfG, BayDSG, Beamtenrecht), des Bundesrechts (z. B. OZG, EGovG Bund, SGB, Abgabenordnung) und des Unionsrechts (z. B. eIDAS-VO, AI-Act, Interoperable Europe Act)?

I. Anwendungsbereich des BayDiG

1. Überblick

a) Der „trägerbezogene" Anwendungsbereich des Art. 1 Abs. 1

Auf Fragen nach dem Anwendungsbereich des Gesetzes liefert Art. 1 BayDiG die Antwort. Art. 1 regelt den Anwendungsbereich des Gesetzes, das Verhältnis des BayDiG zum sonstigen Landesrecht, die Ausnahmen vom Anwendungsbereich des Gesetzes sowie den Geltungsbereich des EGovG des Bundes im Freistaat Bayern.

Hinweis

Das BayDiG regelt nicht nur die digitale Verwaltung, sondern ist der Rechtsrahmen für die Digitalisierung im Freistaat insgesamt (also auch für Bereiche wie Wirtschaft, Wissenschaft, Gesundheit, Pflege etc., vgl. insb. Art. 2 BayDiG).

Daher enthält Art. 1 **auch unterschiedliche Regelungen für den grundsätzlichen Anwendungsbereich des Gesetzes** (Art. 1 Abs. 1 – Grundsatzregelung) und für den **Anwendungsbereich des Gesetzes auf die digitale Verwaltung** (Art. 1 Abs. 2 – Sonderregelung für die Teile 2 und 3 des Gesetzes).

Gemäß **Art. 1 Abs. 1 Satz 1** gilt das Gesetz **grundsätzlich**

- für den **Freistaat Bayern,**
- die **Gemeindeverbände und Gemeinden**
- und die **sonstigen der Aufsicht des Freistaates Bayern unterstehenden juristischen Personen des öffentlichen Rechts.**

Das BayDiG adressiert damit – anders als z. B. das BayVwVfG – jedenfalls im Grundsatz **nicht etwa die einzelnen Behörden**, sondern unmittelbar die **Gebietskörperschaften** im Freistaat Bayern sowie sonstige **juristische Personen** unter Aufsicht des Freistaates.

Hinweis

Die Grundsatzregelung des Art. 1 Abs. 1 des BayDiG betrifft den **Teil 1** (Allgemeiner Teil) und den **Teil 4** (Organisation) des BayDiG. In diesen Teilen enthält das BayDiG allgemeine Regelungen zur **Digitalisierung im Freistaat insgesamt**, insbesondere

- **zur Förderung der Digitalisierung im Freistaat,**
- **zu den digitalen Rechten und Gewährleistungen im Freistaat und**
- **zur Organisation der Digitalisierung im Freistaat.**

Diese Regelungen (wie z. B. die Förderung der digitalen Wirtschaft, der digitalen Bildung oder IT-Sicherheit etc.) richten sich gerade nicht an einzelne Behörden und sind auch nicht auf öffentlich-rechtliche Verwaltungstätigkeiten beschränkt.

Praxistipp:

Für die **Verwaltungspraxis in den Behörden** sind die „politischen" **Teile 1 und 4 nur begrenzt relevant.**

=> **Konzentrieren Sie sich daher auf die behördenbezogenen Regelungen des Gesetzes (Teil 2 und 3).**

Im Handbuch-Teil dieses Werks werden die Vorschriften des Teils 1 und des Teils 4 nur dann behandelt, wenn sie für die Verwaltungstätigkeit in den Behörden unmittelbar relevant sind. Informationen zu diesen Teilen finden Sie aber in der Basiskommentierung (...).

b) Der „behördenbezogene" Anwendungsbereich der Art. 1 Abs. 2 und 3

Abweichend von Abs. 1 enthält **Abs. 2 besondere Regelungen für den Anwendungsbereich der behördenbezogenen Regelungen des BayDiG** (Teil 2 und Teil 3 des Gesetzes).

Hier orientiert sich das Gesetz konsequent **am BayVwVfG** und beschränkt den Anwendungsbereich auf die **öffentlich-rechtliche Verwaltungstätigkeit** der **Behörden.**

Gemäß Art. 1 Abs. 2 BayDiG finden die verwaltungsbezogenen Regelungen des Gesetzes (**Teil 2 und Teil 3**, s. o.) Anwendung auf die

- **öffentlich-rechtliche Verwaltungstätigkeit**
- der **Behörden**
- des **Freistaates Bayern,**
- der **Gemeinden und Gemeindeverbände** und der
- **sonstigen der Aufsicht des Freistaates Bayern unterstehenden juristischen Personen des öffentlichen Rechts.**

Anwendungsbereich der Teile 2 und 3 des BayDiG im Überblick		
Voraussetzung	**Erfüllt**	**Nicht erfüllt**
I. Öffentlich-rechtliche Tätigkeit	✓ Gesetz (Teile 2 und 3) ist anwendbar, weiter mit II.	✗ Gesetz (Teile 2 und 3) ist nicht anwendbar. **Ausnahme**: Regelungen zum **elektronischen Bezahlen** und zur **E-Rechnung** (Art. 18) gelten auch für das privatrechtliche Handeln.
II. einer Behörde (= jede Stelle, die Verwaltungsaufgaben wahrnimmt)	✓ Gesetz (Teil 2 und Teil 3) ist anwendbar, weiter mit III.	✗ Gesetz (Teile 2 und 3) ist nicht anwendbar. **Ausnahme**: Regelung zur **elektronischen Rechnung** (Art. 18 Abs. 2) gilt für alle Auftraggeber im Sinn des GWB in Bayern.
III. des Freistaates Bayern,	✓ Gesetz (Teil 2 und 3) ist anwendbar, weiter mit Art. 1 Abs. 2.	✗ Gesetz (Teil 2 und 3) ist nicht anwendbar, weiter mit IV.
IV. der Gemeinden und Gemeindeverbände,	✓ Gesetz (Teil 2 und 3) ist anwendbar, weiter mit Art. 1 Abs. 3	✗ Gesetz (Teil 2 und 3) ist nicht anwendbar, weiter mit V.

Anwendungsbereich der Teile 2 und 3 des BayDiG im Überblick		
Voraussetzung	**Erfüllt**	**Nicht erfüllt**
V. oder sonstiger juristischer Personen des öffentlichen Rechts unter Aufsicht des Freistaates (z. B. öffentlich-rechtliche Kammern, Universitäten und Hochschulen)	✓ Gesetz (Teil 2 und 3) ist anwendbar, weiter mit Art. 1 Abs. 3.	✗ Gesetz (Teil 2 und 3) ist nicht anwendbar.

Art. 1 Abs. 2 ist an die Regelung des Art. 1 Abs. 1 BayVwVfG zum **Anwendungsbereich des Bayerischen Verwaltungsverfahrensgesetzes** angelehnt. Hierdurch soll die **prinzipielle Übereinstimmung des Anwendungsbereichs der verwaltungsbezogenen Regelungen der Teile 2 und 3 des BayDigG mit dem BayVwVfG** gewährleistet werden. Ebenso wie das BayVwVfG sind die Teile 2 und 3 des BayDiG damit grundsätzlich auf die **gesamte Verwaltungstätigkeit im Freistaat** und damit umfassend auf den Vollzug von Bundes-, Landes- und Kommunalrecht anwendbar.

2. Öffentlich-rechtliche Tätigkeit

Ebenso wie Art. 1 BayVwVfG unterliegt der Anwendungsbereich auch des BayDiG jedoch bestimmten Voraussetzungen bzw. Beschränkungen. Art. 1 Abs. 2 stellt zunächst klar, dass das Gesetz 1 grundsätzlich nur für die **öffentlich-rechtliche Tätigkeit** gilt.

Das BayDiG ist damit grundsätzlich nicht auf das sog. **„fiskalische Handeln"** des Staates bzw. das **„Verwaltungsprivatrecht"** anwendbar.

Hinweis

Mit fiskalischem Handeln des Staates bzw. Verwaltungsprivatrecht wird das **Handeln öffentlicher Einrichtungen in der Rechtsform des Privatrechts** beschrieben, wenn z. B. ein Landratsamt Büromaterial oder Computer auf Grundlage eines privaten Kaufvertrags (§ 433 BGB) „einkauft".

Beispiel

Wichtigste Beispiele für das Verwaltungsprivatrecht sind die **öffentliche Beschaffung und das Vergaberecht**. Daneben können aber Kommunen und andere öffentliche Einrichtungen auch ihre Dienstleistungen im Bereich der **Leistungsverwaltung wahlweise auch in privatrechtlicher Form** anbieten (z. B. beim Betrieb eines Schwimmbads).

Hinweis

Vom Grundsatz der Anwendung nur auf öffentlich-rechtliches Verwaltungshandeln gibt es aber **wichtige Ausnahmen:**

Die gesetzlichen Regelungen

- für den **elektronischen Zahlungsverkehr** und
- **elektronische Rechnungen**

in Art. 18 Abs. 1 und Abs. 2 BayDiG sind nach dem Willen des Gesetzgebers auch für das **Handeln der öffentlichen Hand in den Rechtsformen des Privatrechts** anwendbar.

3. Tätigkeit der Behörden

Das Gesetz gilt grundsätzlich nur für die Tätigkeit von Behörden. Eine Behörde ist nach Art. 1 Abs. 4 BayVwVfG jede Stelle die Verwaltungsaufgaben wahrnimmt.

Für den sog. verfahrensrechtlichen Behördenbegriff i. S. d. Art. 1 Abs. 4 VwVfG sind vier Voraussetzungen anerkannt:

- **Stelle mit organisatorischer Selbstständigkeit**, d. h., die Behörde muss über gewisse eigenständige Organisationsstrukturen verfügen, keine Behörde sind daher Prüfungsausschüsse, Berufskommissionen oder Personalräte,
- **Wahrnehmung öffentlicher Verwaltungsaufgaben**, in Abgrenzung insbesondere zur öffentlichen Tätigkeiten der Judikative oder Legislative,
- **Handeln unter eigener Behördenbezeichnung,** d. h. in eigenem Behördennamen (z. B. Landratsamt Deggendorf, Finanzamt München, Vermessungsamt Nürnberg). Dienststellen, Abteilungen, Referate oder Sachgebiete sind dagegen nur Teil einer Behörde und handeln nicht „als", sondern „für" eine Behörde.
- **Kompetenz zum Handeln nach außen,** z. B. zum Erlass von Verwaltungsakten oder zum Abschluss öffentlich-rechtlicher Verträge.

Hinweis

Die Teile 2 und 3 des BayDiG gelten auch für den **Bayerischen Landtag** und den **Obersten Rechnungshof** und seine nachgeordneten **Prüfungsämter**, **soweit** diese als **Verwaltungsbehörde** tätig werden.

4. Behörden des Freistaates Bayern, der Kommunen und sonstiger juristischer Personen des öffentlichen Rechts

Die **Behörde ist strikt von ihrem Verwaltungsträger** (z. B. Freistaat Bayern oder Stadt München) **abzugrenzen.** Der Verwaltungsträger ist im Gegensatz zur Behörde regelmäßig eine rechtsfähige **juristische Person des öffentlichen Rechts** (hierzu sogleich).

Nach Art. 1 Abs. 1 erfasst das Gesetz die Tätigkeit von Behörden

- des **Freistaates Bayern,**
- der **Gemeinden und Gemeindeverbände** und der
- **sonstigen der Aufsicht des Freistaates Bayern unterstehenden juristischen Personen des öffentlichen Rechts**

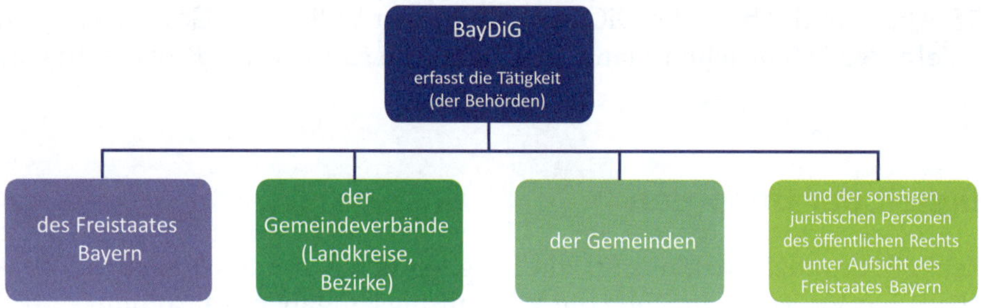

Abb. 1: Verwaltungsträger im Anwendungsbereich des BayDiG

II. Ausnahmen vom Anwendungsbereich (Art. 1 Abs. 3)

Absatz 3 regelt die **Ausnahmen vom Anwendungsbereich des Gesetzes**. Die Regelungen orientieren sich an den Ausnahmeregelungen des Art. 2 BayVwVfG, die allerdings teilweise modifiziert werden.

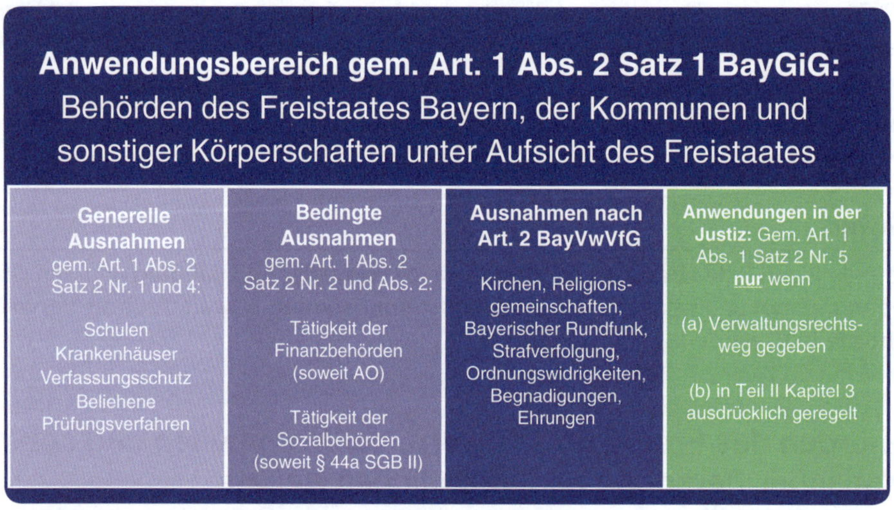

Abb. 2: Ausnahmen vom Anwendungsbereich im Überblick

1. Generelle Ausnahmeregelungen in Art. 1 Abs. 2 Satz 2 Nr. 1 und 4 BayDiG

Gemäß Abs. 2 Satz 2 **Nr. 1** werden

- **Schulen und Krankenhäuser,**
- das **Landesamt für Verfassungsschutz** und
- **Beliehene**

„uneingeschränkt" vom Anwendungsbereich des Gesetzes ausgenommen, da die besonderen Aufgaben dieser Einrichtungen sondergesetzliche Regelungen nahelegen. Entsprechend werden die Tätigkeiten diese Behörden **generell vom Anwendungsbe-**

reich ausgenommen. Anwendbar ist das BayDiG dagegen auf die behördenmäßig verfassten staatlichen **Schul- und Gesundheitsämter**.

Gleiches gilt gem. Abs. 2 Satz 2 **Nr. 4** für **Prüfungsverfahren** der Behörden.

Abs. 2 Satz 2 und Abs. 3 enthalten weitere „**eingeschränkte**" Ausnahmeregelungen für

- die Tätigkeit der Finanzbehörden **nach der Abgabenordnung** (Nr. 2) und
- die Tätigkeit der Sozialbehörden **nach § 44a SGB II** (Gemeinsame Einrichtungen).

Hinweis

Die Arbeitsabläufe in den Finanzämtern werden von eigens entwickelten, bundeseinheitlichen IT-Verfahren unterstützt (z. B. ELSTER), für die bundeseinheitliche Regelungen gelten (§ 87a bis e AO). Ähnliches gilt für bestimmte Verwaltungstätigkeiten nach dem Zweiten Buch des Sozialgesetzbuchs (vgl. § 44b SGB II).

Generelle Ausnahmeregelungen zum Anwendungsbereich gem. Art. 1 Abs. 2 Satz 2 und Abs. 3 BayDiG
Generelle Ausnahmen:
Tätigkeit der Schulen und Krankenhäuser
Tätigkeit des Landesamts für Verfassungsschutz
Tätigkeit von Beliehenen
Prüfungsverfahren der Behörden
Bedingte Ausnahmen:
Tätigkeit der Finanzbehörden nach der Abgabenordnung **Hinweis:** Die Tätigkeit der Finanzbehörden nach dem **BayVwVfG** (z. B. im Beamtenrecht) fällt damit unter das BayDiG. Gleiches gilt für die Pflicht zur Entgegennahme elektronischer Rechnungen (Art. 18 Abs. 2) bei der Beschaffungstätigkeit der Finanzämter nach **BGB und Vergaberecht.**
Tätigkeit der Sozialbehörden nach § 44a SGB II **Hinweis:** Die **Tätigkeit der Sozialbehörden jenseits des § 44a SGB II** fällt dagegen in den Anwendungsbereich des BayDiG. Dies gilt nach allgemeinen Konkurrenzregeln aber nur, soweit das SGB keine vorrangigen Regelungen enthält.

Hinweis

Auf die Tätigkeit nach § 44a SGB II ist das BayDiG nicht anwendbar (s. o.). Auch für die **sonstige Sozialverwaltung** gelten die **bundesgesetzlichen Regelungen des SGB nach allgemeinen Grundsätzen vorrangig**. Das BayDiG tritt dann zurück.

Das BayDiG bleibt jedoch auf die Sozialverwaltung (mit Ausnahme des SGB II) **anwendbar, soweit im Sozialgesetzbuch keine abschließenden oder entgegenstehenden Regelungen getroffen** wurden (wie z. B. im Bereich des Zahlungsverkehrs, der elektronischen Rechte, der Verwaltungsorganisation oder der Behördenzusammenarbeit).

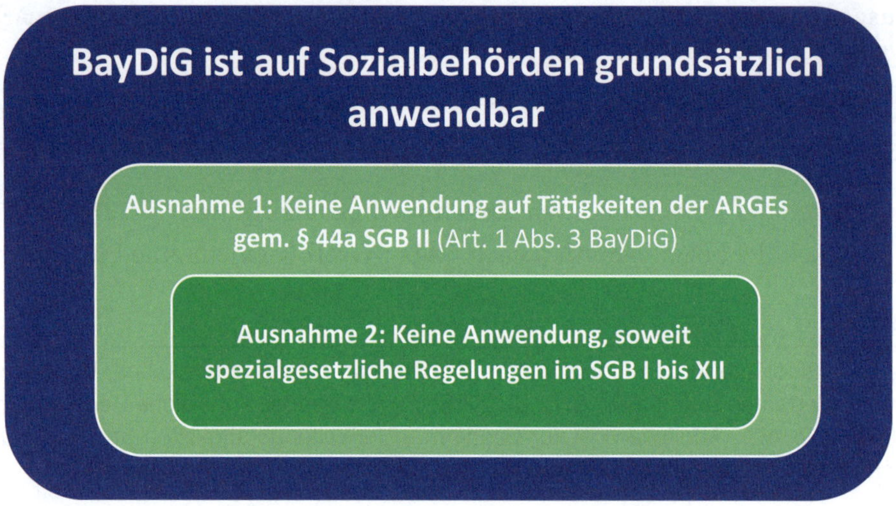

Abb. 3: BayDiG (Teil 2 und 3) und Sozialrecht

2. Ausnahmeregelungen entsprechend BayVwVfG

Gemäß Abs. 2 Satz 2 Nr. 3 gelten Art. 2 Abs. 1, Abs. 2 Nr. 2, 3, 5 und 6 BayVwVfG entsprechend. Das Digitalgesetz (Teil 2 und 3) ist aufgrund dieser Verweisung auf das BayVwVfG auf eine Reihe weiterer Bereiche nicht anwendbar:

Ausnahmen vom Anwendungsbereich des BayDiG entsprechend Art. 2 Abs. 1 und Abs. 2 Nr. 2, 3, 5 und 6 BayVwVfG
Tätigkeit der **Kirchen,** der **Religionsgemeinschaften** und der **weltanschaulichen Gemeinschaften** sowie ihrer Verbände und Einrichtungen
Anstalt des öffentlichen Rechts **„Bayerischer Rundfunk"**
die **Strafverfolgung**
Verfolgung und Ahndung von **Ordnungswidrigkeiten**
Rechtshilfe für das Ausland in Straf- und Zivilsachen
sowie, unbeschadet des Art. 80 Abs. 4 BayVwVfG, nicht für **Maßnahmen des Richterdienstrechts.**
das Recht des **Lastenausgleichs,**
das Recht der **Wiedergutmachung.**

Wegen Art. 1 Abs. 2 Satz 2 Nr. 5 BayDiG werden schließlich Verwaltungstätigkeiten in der Justiz nur eingeschränkt vom BayDiG erfasst.

Eingeschränkter Anwendungsbereich des BayDiG in der Justiz gem. Art. 1 Abs. 2 Satz 2 Nr. 5 BayDiG
Für die Tätigkeit der **Gerichtsverwaltungen** und der Behörden der **Justizverwaltung** einschließlich der ihrer Aufsicht unterliegenden Körperschaften des öffentlichen Rechts gilt das Gesetz nur, ▪ soweit die Tätigkeit der **Nachprüfung** durch die Gerichte der **Verwaltungsgerichtsbarkeit** ▪ oder durch die in **verwaltungsrechtlichen Anwalts- und Notarsachen zuständigen Gerichte** unterliegt.

III. Verhältnis zum Unionsrecht, zum Bundesrecht und zum sonstigen Landesrecht

Das Verhältnis des BayDiG zum Unionsrecht, zum Bundesrecht und zum sonstigen Landesrecht bestimmt sich grundsätzlich nach allgemeinen Regeln.

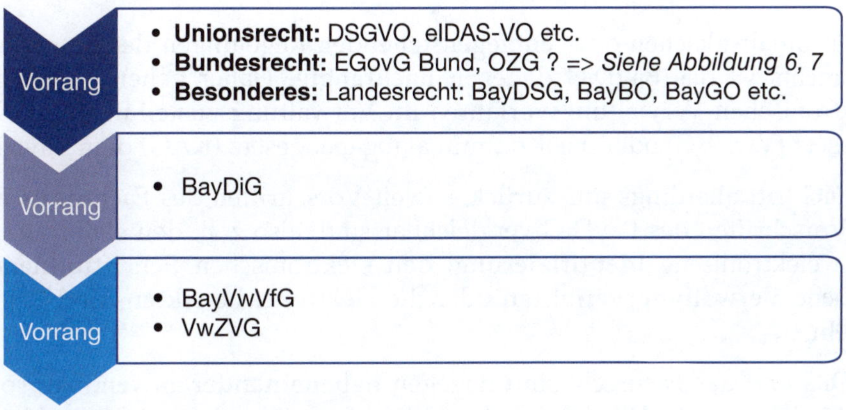

Abb. 4: Stellung des BayDiG im Verwaltungsrecht

1. Grundsätzlicher Vorrang des Unions- und Bundesrechts

Das BayDiG findet nach allgemeinen Regeln keine Anwendung, wenn das Unionsrecht oder das Bundesrecht entgegenstehende, inhaltsgleiche oder abschließende Regelungen enthält. Für die digitale Verwaltung relevante Rechtsvorschriften des Unionsrechts gelten daher vorrangig vor dem BayDiG (wie z. B. die DSGVO oder die eIDAS-VO). Im Bundesrecht bleiben insbesondere auch die Regelungen für die elektronische Kommunikation, Aktenführung und Vorgangsbearbeitung im gerichtlichen Verfahren nach Maßgabe des **Gesetzes zur Förderung des elektronischen Rechtsverkehrs** mit den Gerichten vom 10. Oktober 2013 (BGBl I S. 3785 ff.) unberührt.

Grundsätzlich vorrangig anwendbar ist das **Onlinezugangsgesetz** des Bundes, das einen Portalverbund von Bund und Ländern regelt. Hier sind allerdings die verfassungsrechtlichen Besonderheiten des Art. 84 GG zu beachten (siehe hierzu Teil B V und unten Teil H).

Für das **EGovG Bund** wurde mit Art. 1 Abs. 4 BayDiG allerdings eine Sonderregelung geschaffen (siehe unten Teil B IV).

2. Vorrang des BayDiG vor dem BayVwVfG und dem VwZVG

Für das Landesrecht stellt Art. 1 Abs. 1 Halbsatz 2 das Verhältnis des BayDiG zum sonstigen Verwaltungsrecht klar. Das **BayDiG** ist gegenüber dem BayVwVfG und dem VwZVG als allgemeinem Verwaltungsverfahrensrecht die **speziellere Rechtsvorschrift**.

Das BayVwVfG und das VwZVG bleiben allerdings neben dem BayDiG anwendbar, wenn und soweit das BayDiG keine inhaltsgleichen oder entgegenstehenden Regelungen enthält. Daher lässt das BayDiG z. B. die Regelungen zum elektronischen Schriftformersatz in Art. 3a Abs. 2 und 3 BayVwVfG und zu Übermittlungsfehlern in Art. 3a Abs. 3 BayVwVfG unberührt. Uneingeschränkt anwendbar ist das BayVwVfG zudem auf jene Behörden, die gemäß Art. 1 Abs. 2 und 3 vom Anwendungsbereich des BayDiG ausgenommen sind (siehe oben Teil B II).

3. Vorrang des speziellen Landesrechts vor dem BayDiG

Gegenüber inhaltsgleichen oder entgegenstehenden Regelungen des besonderen Verwaltungsrechts ist das BayDiG dagegen **nachrangig**. Daher gehen z. B. Regelungen zum elektronischen Verwaltungsverfahren im Verwaltungszustellungs- und Vollstreckungsgesetz (VwZVG) oder das Kommunalabgabengesetz (KAG) dem BayDiG vor.

Das BayDiG tritt allerdings nur zurück, soweit Vorschriften des Fachrechts inhaltlich mit den Vorschriften des BayDiG vergleichbar sind, also z. B. den elektronischen **Zugang**, die elektronische **Identifizierung**, den elektronischen **Schriftformersatz**, das elektronische **Verwaltungsverfahren** oder die elektronische **Akten-** und Registerführung regeln.

Das BayDiG und das Fachrecht sind dagegen **nebeneinander** anwendbar, soweit das Fachrecht keine dem BayDiG inhaltlich vergleichbaren, sondern vielmehr hierzu komplementäre Regelungen mit besonderer rechtlicher Zielsetzung enthält.

4. Uneingeschränkte Anwendbarkeit des BayDSG auch im E-Government

Das BayDiG lässt die Anwendung des BayDSG unberührt. Die datenschutzrechtlichen Anforderungen des **BayDSG** sind von den Behörden daher auch im Anwendungsbereich des BayDiG **zu beachten (zur DSGVO siehe oben III.1.)**.

Als gegenüber dem BayDSG spezielle datenschutzrechtliche Regelungen sind Vorschriften des BayDiG nur dann anzusehen, wenn diese ausdrücklich besondere datenschutzrechtliche Regelungen enthalten.

Datenschutzrechtliche Regelungen in diesem Sinne sind insbesondere die datenschutzrechtliche Zweckbindung der Verarbeitung personenbezogener Daten durch das Landesamt für Sicherheit in der Informationstechnik (LSI) in Art. 48 und 49 BayDiG.

IV. Anwendbarkeit des EGovG des Bundes und des OZG im Freistaat Bayern

1. Verhältnis BayDiG und EGovG Bund

Das **EGovG des Bundes** ist nach dem Willen des Bundesgesetzgebers nicht nur auf die Behörden des Bundes, sondern **auch auf Behörden der Länder und Kommunen** anwendbar, soweit diese Bundesrecht ausführen (vgl. § 1 EGovG Bund). Aus Sicht des Bundesgesetzgebers sollen damit zwar EGovGs der Länder nicht ausgeschlossen werden. Diese sollen jedoch grundsätzlich neben dem Bundesgesetz angewandt werden.

Das Nebeneinander von Bundes- und Landesgesetzen kann jedoch zu Rechtsunsicherheit führen. Daher hat der bayerische Landesgesetzgeber das **Verhältnis des BayDiG zum EGovG des Bundes** in Art. 1 Abs. 4 BayDiG besonders geregelt.

Bayern nutzt hier die Möglichkeit der **Abweichungsgesetzgebung** nach Art. 84 Abs. 1 Satz 2 des Grundgesetzes (GG). Danach **können die Länder von einer bundesrechtlichen Norm** zur Regelung der Einrichtung der Behörden und des Verwaltungsverfahrens **abweichen.**

Art. 1 Abs. 4 hat das Ziel, dass für bayerische Behörden **grundsätzlich nur das BayDiG zur Anwendung kommt**, unabhängig davon, ob die Behörden landes- oder bundesrechtliche Regelungen vollziehen. Auch für die Gerichtsverwaltungen und die Behörden der Justizverwaltung einschließlich der unter ihrer Aufsicht unterstehenden Körperschaften des öffentlichen Rechts soll von den Vorschriften des EGovG des Bundes abgewichen werden und das BayDiG in dem in Art. 1 Abs. 1 und 2 BayDiG in Verbindung mit Art. 2 BayVwVfG vorgesehenen Bereich gelten.

2. Anwendung des EGovG Bund auf die Bundesauftragsverwaltung

Art. 1 Abs. 4 dient der Einheitlichkeit des Verwaltungsvollzugs und gewährleistet, dass die **Behörden im Freistaat im Wesentlichen aufgrund eines einzigen Normregimes tätig werden** können. Mit Art. 1 Abs. 3 BayDiG weicht der Landesgesetzgeber von den § 1 Abs. 2 und Abs. 3 des E-Government-Gesetzes des Bundes ausdrücklich ab. Nur in den Fällen, in denen die Behörden des Freistaates im Rahmen **der Bundesauftragsverwaltung** tätig werden, kommt weiterhin das E-Government-Gesetz des Bundes zur Anwendung (vgl. Art. 85 GG), da dem Land **insoweit keine Abweichungskompetenz** nach Art. 84 GG zusteht.

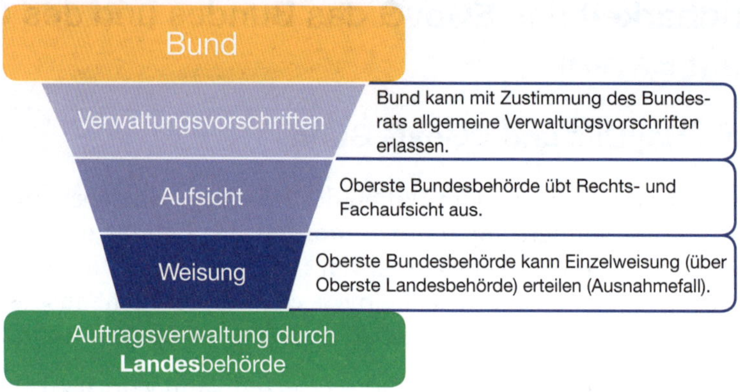

Abb. 5: Bundesauftragsverwaltung

Anwendbar ist das E-Government-Gesetz des Bundes damit weiterhin auf die folgenden Tätigkeiten der Bundesauftragsverwaltung.

Anwendung des EGovG Bund in Bayern auf die Bundesauftragsverwaltung
Bundeswehrverwaltung, Art. 87b Abs. 2 GG
Verwaltung bei Erzeugung und Nutzung der Kernenergie, Art. 87c GG
Luftverkehrsverwaltung, Art. 87d Abs. 2 GG
Eisenbahnverkehrsverwaltung, Art. 87e Abs. 1 Satz 2 GG
Verwaltung der Bundeswasserstraßen, Art. 89 Abs. 2 GG
Ausgabenverteilung, Finanzhilfe des Bundes, Art. 104a Abs. 3 Satz 2 GG
Landesfinanzverwaltung, Art. 108 Abs. 3 GG
Durchführung des Lastenausgleichs, Art. 120a Abs. 2 GG
weitere Gebiete wie etwa die BAföG-Verwaltung.

3. Nebeneinander von EGovG Bund und BayDiG in der Bundesauftragsverwaltung

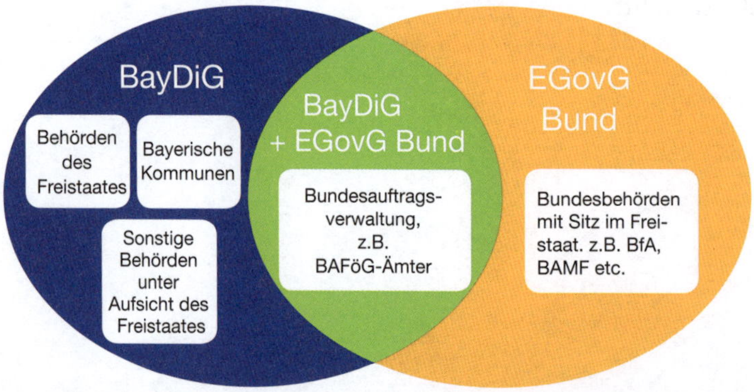

Abb. 6: BayDiG und EGovG Bund

Bei Vollzug von Bundesrecht im Auftrag des Bundes (Bundesauftragsverwaltung gemäß Art. 85 GG) **ist das EGovG des Bundes damit weiterhin** (d. h. auch nach Inkrafttreten des BayDiG) auch auf „bayerische Behörden" im Sinn von Art. 1 Abs. 1 BayDiG **anwendbar.** Die **Regelungen des BayDiG bleiben** aber auch bei Bundesauftragsverwaltung **grundsätzlich neben dem EGovG Bund** anwendbar, soweit das BayDiG weitergehende Regelungen z. B. zu digitalen Zugangs- und Verfahrensrechten, zur Zugangseröffnung, zur elektronischen Identifizierung zum elektronischen Verwaltungsverfahren oder zur elektronischen Aktenführung enthält.

Das BayDiG tritt gegenüber dem E-Government-Gesetz des Bundes im Bereich der Auftragsverwaltung **allerdings dann zurück**, wenn **dieses inhaltsgleiche, entgegenstehende oder abschließende Regelungen enthält.** Gleiches gilt, wenn das Fachrecht des Bundes abschließende Regelungen für die Bundesauftragsverwaltung normiert.

4. Das Verhältnis von OZG und BayDiG: „Was hat wann Vorrang?"

Das Verhältnis von BayDiG und OZG folgt ebenfalls allgemeinen Regeln. Der allgemeine Grundsatz des Vorrangs des Bundesrechts wird im Anwendungsbereich des OZG durch die spezielleren verfassungsrechtlichen Vorschriften des **Art. 84 Abs. 1 Satz 2 GG** einerseits und **Art. 91c Abs. 5 GG** andererseits konkretisiert bzw. überlagert.

a) Vorrang des OZG bei technikrechtlichen Vorschriften zum Portalverbund

Das OZG dient seiner ursprünglichen Intention nach der **bundesgesetzlichen Regelung des übergreifenden technischen Zugangs** der Bürgerinnen und Bürger zu den **Verwaltungsleistungen von Bund und Ländern** (vgl. Wortlaut Art. 91c Abs. 5 G, § 1 OZG). Hierzu enthält das OZG insbesondere Regelungen zur Einrichtung eines „Portalverbunds" und zur Bereitstellung von Nutzerkonten. Ergänzt werden diese Vorgaben durch VO-Befugnisse des Bundes zu diversen technischen Standards (vgl. §§ 4 bis 6 OZG).

Verfassungsrechtliche Grundlage der technischen Zugangsregelungen des OZG ist **Art. 91c Abs. 5 GG.** Diese Norm begründet nach h.M. eine **ausschließliche Bundeskompetenz.** Dies hat zur Folge, dass die **technikrechtlichen Regelungen des OZG dem BayDiG vorgehen** und eine Abweichung (grundsätzlich) nicht möglich ist.

b) Vorrang des BayDiG bei verwaltungsverfahrensrechtlichen Normen des OZG

Bereits mit der ersten Novelle des OZG im Jahr 2020 (OZG 1.1.) sind die technikrechtlichen Regelungen des OZG durch **klassische verwaltungsverfahrensrechtliche Vorschriften** etwa zum Ersatz der **Schriftform** (§ 8 Abs. 6 OZG) oder zur **Bekanntgabe von Verwaltungsakten** (§ 9 OZG) ergänzt worden. Diese Regelungen können nicht auf die Technikkompetenz des Art. 91c Abs. 5 GG gestützt werden. Sie finden ihre Grundlage vielmehr in den allgemeinen verwaltungsrechtlichen Kompetenznormen der **Art. 84, 85 GG.**

Im Verwaltungsverfahrensrecht verfügt der Bund zwar gem. Art. 84 Abs. 1 Satz 1 GG ebenfalls über eine Gesetzgebungskompetenz (beim Vollzug von Bundesrecht). Die Länder können jedoch gem. **Art. 84 Abs. 1 Satz 2 GG** hiervon abweichen. Von dieser **Abweichungsmöglichkeit** hat der Gesetzgeber mit **den Art. 26 ff. BayDiG** Gebrauch gemacht. Daher gehen die verfahrensrechtlichen Regelungen des BayDiG im Bereich der Bekanntgabe und des Schriftformersatzes den Bestimmungen des **OZG im Kollisionsfall vor.**

Hinweis

Beim **Vollzug von Landesrecht** greift im Verfahrensrecht ohnehin allein das BayDiG, da hier keine Bundeskompetenz aus Art. 84 ff. GG besteht.

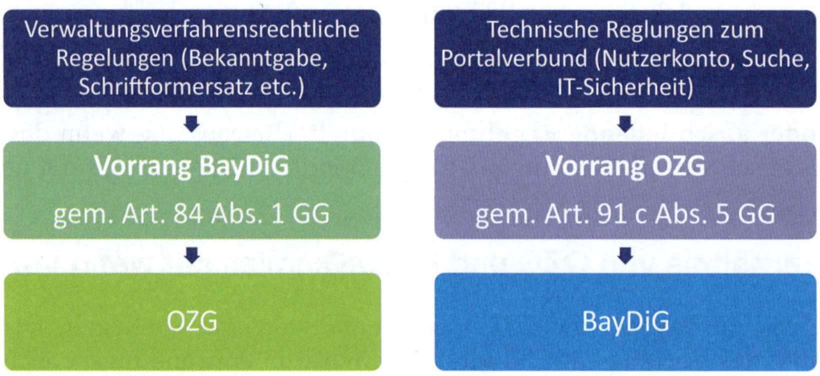

Abb. 7: BayDiG und OZG

Hinweis

Das Verhältnis BayDiG, EGovG und OZG in der Praxis:

Das **rechtliche Verhältnis vom BayDiG, EGovG Bund und OZG** ist reichlich **kompliziert**, wie wir gesehen haben.

Für die Praxis lässt sich die Abgrenzung aber erheblich vereinfachen:

Das BayDiG zielt darauf, den Rechtsrahmen für die digitale Verwaltung in Bayern möglichst umfassend zu regeln.

Das BayDiG enthält daher im Verhältnis zum EGovG zumindest gleichlaufende, oft auch weitergehende Regelungen (insb. in den Art. 16 ff. BayDiG). Im Verhältnis zum OZG dient das BayDiG als **OZG-Umsetzungsgesetz für Bayern**. In den Art. 26 ff. BayDiG werden daher alle Regelungen zusammengefasst, die zur ordnungsgemäßen Umsetzung der Vorgaben des OZG in Bayern erforderlich sind.

Aufgrund dieser Umsetzungs- und Konkretisierungsfunktion ist das **BayDiG für die Verwaltungspraxis in Bayern die maßgebliche und grundsätzlich auch ausreichende Rechtsgrundlage.** Auch dort, wo das Bundesrecht (in Form des EGovG Bund oder des OZG) rechtlich im Einzelfall Vorrang haben mag, finden sich im BayDiG gleichlautende bzw. präzisere Regelungen zur Umsetzung der bundesgesetzlichen Normen.

Als Praxisregel gilt daher:

Wer die Anforderungen des BayDiG erfüllt, erfüllt damit grundsätzlich auch die Vorgaben des EGovG Bund bzw. des OZG.

Damit ist eine gesonderte Prüfung der rechtlichen Anforderungen des EGovG bzw. des OZG in der Verwaltungspraxis in Bayern regelmäßig nicht erforderlich.

Teil C
Rechte in der digitalen Verwaltung

Einleitende Fragestellungen

Das Bayerische Digitalgesetz umfasst als bisher einziges Gesetz in Deutschland einen Katalog von „Digitalen Rechten und Gewährleistungen“ (vgl. Art. 8 ff. BayDiG). Damit knüpft das BayDiG an das BayEGovG an, das bereits 2015 klagbare Rechte der Bürgerinnen und Bürger einführte. Mit dem BayDiG werden diese Rechte noch einmal erheblich ausgebaut und modernisiert.

Was ist der Unterschied zwischen „digitalen Rechten“ und „digitalen Gewährleistungen“? Welchen Inhalt haben die digitalen Rechte und Gewährleistungen nach dem BayDiG? Können sich Bürgerinnen und Bürger vor Gericht auf die Rechte und Gewährleistungen aus dem BayDiG berufen? Welche Rechte haben die Bürger speziell gegenüber den Behörden im Bereich der digitalen Verwaltung? Und wie verhalten sich die in Art. 11 bis 13 ff. verankerten Rechte der Bürger in der digitalen Verwaltung zu den in den Art. 16 ff. geregelten Pflichten der Behörden?

Hinweis: Bisher kennt nur das BayDiG (und zuvor das BayEGovG) digitale Rechte. Mit dem OZG 2.0. werden nun erstmals auch auf Bundesebene subjektive Rechte in der digitalen Verwaltung eingeräumt, wenn auch erst ab dem Jahr 2028 und in deutlich geringerem Umfang als in Bayern. Siehe auch den Hinweis unten IV. am Ende.

I. Digitale Rechte und Gewährleistungen des BayDiG im Überblick (Art. 8 bis 14 BayDiG)

Das BayDiG gestaltet die Digitalisierung gem. **Art. 2 Abs. 1 im Interesse von Bürgern, Gesellschaft und Wirtschaft.** Der auf Bürgerinnen und Bürger und deren Interessen bezogene Anspruch des Gesetzes wird im 2. Kapitel des 1. Teils des Gesetzes durch einen – bundesweit einmalig – Katalog von **digitalen Rechten und Gewährleistungen** erfüllt.

Grundbegriffe:

Das Gesetz unterscheidet in den Art. 8 bis 14 zwischen „digitalen Rechten“ und „digitalen Gewährleistungen“.

Digitale Rechte bezeichnen Normen, die den Bürgerinnen und Bürgern und den Unternehmen (als juristische Personen) **subjektive, gerichtlich einklagbare Rechte** einräumen.

Beispiel:

Der Unterschied zwischen einer objektiv-rechtlichen Pflicht einer Behörde, z. B. den digitalen Zugang zu eröffnen („Fall 1“, vgl. Art. 16 Abs. 1 Satz 1 BayDiG), und einem subjektivrechtlichen Anspruch des Bürgers auf Zugangseröffnung („Fall 2“, vgl. Art. 12 Abs. 1 i. V. m. Art. 16 Abs. 1 BayDiG) liegt allein darin, dass der Bürger im Fall 1 keine rechtlichen Möglichkeiten hat, die Zugangseröffnung durch die Behörde gerichtlich zu erzwingen. Verstößt die Behörde gegen eine objektive gesetzliche Pflicht, so kann zwar die staatliche Aufsichtsbehörde tätig werden. Der Bürger selbst kann die Zugangseröffnung aber nicht durchsetzen.

Merke:

Subjektive, gerichtlich einklagbare Rechte **stärken die „Verhandlungsposition" von Bürgerinnen und Bürgern gegenüber den Behörden erheblich**. Der Bürger muss sich nicht darauf verlassen, dass sich die Behörde rechtskonform verhält. Er kann seine Ansprüche notfalls auch gerichtlich durchsetzen.

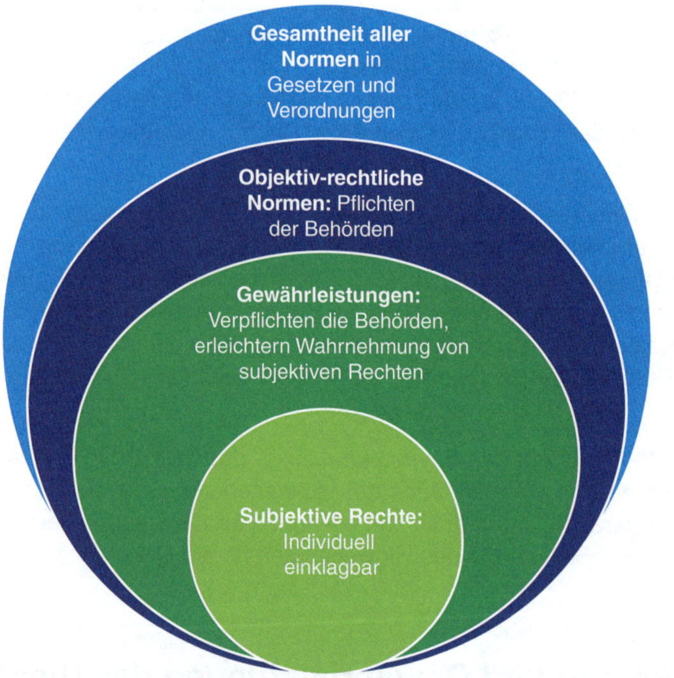

Abb. 1: Digitale Rechte und Gewährleistungen

Digitale Gewährleistungen bezeichnen objektiv-rechtliche Normen, die von den Behörden einzuhalten sind, vom Bürger aber gerichtlich nicht eingeklagt werden können. Als rechtliche „Gewährleistungen" werden objektiv-rechtliche Normen bezeichnet, die selbst zwar keine klagbaren Rechte begründen, aber die praktische Wirksamkeit der Wahrnehmung bestehender subjektiver Rechte erleichtern (= „gewährleisten") sollen.

Beispiel:

Nach Art. 9 BayDiG ist der Freistaat Bayern verpflichtet, **digitale Dienste bereitzustellen,** „die insbesondere die Möglichkeiten zur digitalen Ausübung der Rechts- und Geschäftsfähigkeit, der Beteiligten- und Handlungsfähigkeit im Verwaltungsverfahren, der elterlichen Sorge, der Vormundschaft, der Betreuung, der Bevollmächtigung, der Pflegschaft und der Rechtsnachfolge im Erbfall im Rahmen der Kommunikation mit den Behörden **verbessern.**"

Art. 9 begründet also keine neuen klagbaren Rechte der Bürger, sondern knüpft an bereits bestehende Rechte an (wie z. B. die Rechtsfähigkeit nach § 1 BGB oder die Beteiligtenfähigkeit nach Art. 11 und 12 BayVwVfG etc.). Er verpflichtet aber den Freistaat Bayern, technische Anwendungen (also z. B. bestimmte Online-Dienste oder Apps) bereitzustellen, die es den Bürgern erleichtern, die genannten Rechte auch digital effektiv auszuüben.

Merke:

Digitale Gewährleistungen **begründen** gerade **keine einklagbaren Rechte** der Bürger, sondern **knüpfen an bereits bestehende Rechte** der Bürger **an**. Digitale Gewährleistungen flankieren und stärken bestehende klagbare Rechte der Bürger, indem sie den **Staat verpflichten**, bestimmte Anwendungen, Infrastrukturen oder Einrichtungen bereitzustellen, die die **Ausübung bestehender Rechte der Bürgerinnen und Bürger praktisch ermöglichen bzw. erleichtern**.

Hinweis:

Regelungen zu digitalen Gewährleistungen im BayDiG:

Digitale Gewährleistungen finden sich im BayDiG explizit

- in Art. 9 (**Digitale Handlungsfähigkeit**, siehe Beispiel oben),
- Art. 10 (**Digitale Selbstbestimmung**) und
- Art. 14 (**Offene Daten**).

Darüber hinaus trifft den Freistaat Bayern auch eine **Gewährleistungsverantwortung** zur Bereitstellung und zum Betrieb des „**Portalverbunds Bayern als Basisinfrastruktur**" für die (OZG konforme) sichere Verwaltungskommunikation zwischen Bürgern und Behörden.

Die **Schlüsselnormen zum Portalverbund** sind

- Art. 26 (**Portalverbund Bayern)**
- Art. 27 (**BayernPortal)**
- Art. 28 (**Organisationsportal Bayern)**
- Art. 29 (**Nutzerkonto, Postfach)**

Siehe hierzu im Einzelnen auch:

Basiskommentierung zu Art. 9, 10 und 14 sowie 26 bis 29 BayDiG in der Online Version:

Basiskommentierung

II. Digitale Infrastruktur-, Zugangs- und Verfahrensrechte im Überblick (Art. 8, 11 bis 13 BayDiG)

Welche Rechte räumt das BayDiG den Bürgern und Unternehmen nun konkret ein? Dafür wollen wir uns zunächst einen **Überblick** verschaffen.

Digitale Zugangs- und Verfahrensrechte gem. BayDiG
Rechte auf digitale Infrastrukturen
▪ **Recht auf freien Zugang zum Internet (Abwehrrecht)** ▪ (Art. 8)
▪ **Recht auf digitale Identitätsdienste (Leistungsrecht)** ▪ (Art. 11 Abs. 1)
▪ **Recht auf mobile digitale Dienste / „Recht auf BayernApp" (Leistungsrecht)** ▪ (Art. 13 Abs. 1 und 2 i. V. m. Art. 57 Abs. 2 Nr. 2 i. V. m. § 7 Abs. 2 BayDiV)
▪ **Recht auf Zugang zu mobilen Diensten (Leistungsrecht)** ▪ (Art. 13 Abs. 1 und 2 i. V. m. Art. 57 Abs. 2 Nr. 2 i. V. m. § 7 Abs. 3 BayDiV)
Rechte in der digitalen Verwaltung / Digitale Verfahrensrechte
▪ **Recht auf elektronischen Zugang zu den Behörden** ▪ (Art. 12 Abs. 1 S. 1 i. V. m. Art. 16 Abs. 1 Satz 1)
▪ **Recht auf Schriftform ersetzende elektronische Kommunikation** ▪ (Art. 12 Abs. 1 S. 1 i. V. m. Art. 16 Abs. 1 Satz 1 i. V. m. Art. 3a Abs. 2 BayVwVfG)
▪ **Recht auf verschlüsselte Kommunikation mit den Behörden** ▪ (auf dem „Hin- und Rückkanal", Art. 16 Abs. 1 Satz 3)
▪ **Recht auf elektronische Inanspruchnahme von Behördendiensten** ▪ (erfasst werden grds. alle Verwaltungsdienstleistungen, Art. 12 Abs. 1 S. 1 i. V. m. Art. 17 Abs. 1)
▪ **Recht auf elektronisches Bezahlen** ▪ dies umfasst auch hierzu geeignete E-Payment-Angebote (Art. 18 Abs. 1)
▪ **Recht von Unternehmen auf elektronische Rechnungsstellung** ▪ gegenüber den Behörden (Art. 18 Abs. 2)
▪ **Recht auf elektronische Durchführung von Verwaltungsverfahren** ▪ (Art. 12 Abs. 1 S. 2 i. V. m. Art. 19 Abs. 1)
▪ **Recht auf Bereitstellung elektronischer Formulare** ▪ zum Download (Art. 12 Abs. 1 S. 2 i. V. m. Art. 19 Abs. 2)
▪ **Recht auf elektronische Identifizierung (in Onlineverfahren)** ▪ (Art. 12 Abs. 1 S. 2 i. V. m. Art. 19 Abs. 3)
▪ **Recht auf elektronische Vorlage von Nachweisen** ▪ Die Behörde kann für einzelne Verfahren oder im Einzelfall aber weiter die Originale verlangen (Art. 23)

Unser erster Überblick zeigt: Das BayDiG unterscheidet grundsätzlich zwischen **Rechten auf digitale Infrastrukturen** und **Rechten in der digitalen Verwaltung**. Im Folgenden wollen wir die Unterschiede dieser Gruppen von Rechten untersuchen.

III. Rechte auf digitale Infrastrukturen

Das Internet ist eine weltumspannende, für unseren Alltag unverzichtbare Infrastruktur. Beim heutigen Grad der Digitalisierung sind wir bei praktisch allen privaten und beruflichen Angelegenheiten auf den **selbstbestimmten Zugang zum Internet** angewiesen. Entsprechend hängt auch die uneingeschränkte Wahrnehmung aller unserer Grundrechte vom freien und selbstbestimmten Zugang zum Internet ab.

Die freie und selbstbestimmte **Kommunikation mit der Verwaltung** setzt neben dem Zugang zum physischen Internet notwendig die Bereitstellung weiterer Infrastrukturen voraus. Insbesondere bedarf es der Bereitstellung geeigneter **digitaler Identitätsdienste**, die es den Beteiligten erlauben, mit den Behörden digital in eigenem Namen zu kommunizieren, Anträge an die Behörden zu versenden, Nachrichten und Dokumente von den Behörden zu empfangen und amtliche Dokumente sicher und dauerhaft zu speichern.

IV. Rechte in der digitalen Verwaltung

Von den Rechten auf digitale Infrastrukturen sind die Rechte in der digitalen Verwaltung zu unterscheiden. **Die Rechte in der digitalen Verwaltung setzen das Bestehen von verfügbaren digitalen Infrastrukturen** (als Internetzugang, Verfügbarkeit digitaler Identitätsdienste für Bürgerinnen und Bürger etc.) **bereits voraus.**

Sind diese Infrastrukturen verfügbar, dann stellt sich die **Folgefrage, ob und über welche Rechte die Nutzer speziell „im E-Government"** gegenüber den einzelnen Verwaltungsbehörden verfügen und wie diese Rechte ggfs. durchsetzbar sind.

Auf diese Frage antwortet das Bayerische Digitalgesetz mit der Absicherung eines **Kernbereichs von „digitalen Zugangs- und Verfahrensrechten" für Bürger und Unternehmen**. Dahinter steht die Überlegung des Gesetzgebers, dass gerade auch das E-Government originär bei den Bürgern und Unternehmen als Nutzer von E-Governmentangeboten ansetzen sollte.

Bayern ist damit das bisher **einzige Bundesland**, das nicht nur einen Rechtsrahmen für das E-Government schafft, sondern den Bürgern und Unternehmen über Art. 12 Abs. 1 BayDiG ein grundsätzlich **auch** gerichtlich **einklagbares „Recht auf E-Government"** einräumt. Bürger und Unternehmen, die ihre Rechte auf elektronisches Verwalten einfordern, sollen auf diese Weise **auch** zum „Motor" des E-Governments in Bayern werden.

Die in Art. 12 BayDiG verankerten **Rechte der Bürgerinnen und Bürger** in der digitalen Verwaltung werden vom Gesetz unmittelbar mit den entsprechenden **Pflichten der Behörden** zum E-Government **gekoppelt,** die in **den Art. 16 bis 18** geregelt sind. Dadurch werden die **Rechte der Bürger präziser** gefasst. Andererseits wird so im Interesse der **Rechtssicherheit** klargestellt, dass die einklagbaren **Rechte der Bürger nicht über die gesetzlichen Verpflichtungen** der Behörden **hinausgehen.**

Art. 12 Abs. 1 Satz 3 BayDiG stellt schließlich klar, dass der Bürger zwar ein Recht auf elektronisches Verwalten hat, dass aber **keine Pflicht des Bürgers zum E-Government** besteht. Diese Pflicht trifft ausschließlich die Behörden.

Hinweis:

Ausbau digitaler Rechte auch auf Bundesebene mit dem OZG 2.0.

Mit dem OZG-Änderungsgesetz 2024 ist erstmals der Bundesgesetzgeber dem Vorbild Bayerns gefolgt. Der neu gefasste § 1a Abs. 2 OZG sieht vor, dass **Nutzer künftig auch einen Anspruch auf Zugang zu elektronischen Verwaltungsleistungen des Bundes** (also zu Leistungen von Bundesbehörden) haben. Der Bund sieht allerdings eine Übergangsregelung von „vier Jahren ab Inkrafttreten des Gesetzes" vor. Von daher gibt es ein (gegenüber Bayern enger gefasstes) Recht auf E-Government auf Bundesebene voraussichtlich (erst) ab Juli 2028 (**„Bundes-E-Government-Anspruch light"**).

V. Recht auf digitalen Zugang zu den Behörden (Art. 12. Abs. 1 i. V. m. Art. 16 Abs. 1)

Mindestvoraussetzung für E-Government ist, dass die Behörde **überhaupt einen elektronischen Zugang eröffnet**. Art. 12 Abs. 1 Satz 1 i. V. m. Art. 16 Abs. 1 Satz 1 BayDiG begründet ein Recht des Bürgers auf elektronische Zugangseröffnung gegenüber der Behörde.

Art. 16 Abs. 1 Satz 1 BayDiG **verdrängt als Sonderregel** die allgemeine Vorschrift des Art. 3a Abs. 1 BayVwVfG, der es Behörden und Beteiligten grundsätzlich freistellt, ob sie überhaupt einen Zugang für die elektronische Kommunikation eröffnen.

Die Grundsatzregelung des Art. 3a Abs. 1 BayVwVfG wird dadurch allerdings **nicht überflüssig**. Zum einen bleibt es bei der Zugangseröffnungsfreiheit **für den Bürger**. Dies wird nunmehr zusätzlich auch durch Art. 12 Abs. 1 Satz 3 BayDiG abgesichert.

Darüber ist die Behörde gem. Art. 16 Abs. 1 Satz 1 BayDiG zwar zur Zugangseröffnung verpflichtet. Um dieser Verpflichtung nachzukommen, ist weiterhin eine ausdrückliche oder zumindest konkludente Erklärung der Behörde zum „Ob" und zum „Wie" (welches technische Verfahren) der Zugangseröffnung erforderlich.

Kommt die Behörde ihrer gesetzlichen Verpflichtung aus Art. 16 Abs. 1 Satz 1 BayDiG nicht nach, kann der Bürger seinen Anspruch gem. Art. 12 Abs. 1 Satz 1 BayDiG nunmehr allerdings notfalls auch **im Wege der Klage** durchsetzen.

VI. Recht auf Schriftform ersetzende Kommunikation

Der Bürger hat weiterhin gem. Art. 16 Abs. 1 Satz 1 BayDiG i.V.m. Art 3a Abs. 2 und 3 BayVwVfG ein **Recht auf Schriftform ersetzende Kommunikation.**

Der Bürger hat allerdings grundsätzlich **keinen Anspruch auf ein bestimmtes technisches Verfahren** der Zugangseröffnung, z. B. per E-Mail, per De-Mail oder über ein Portal. Vielmehr kann der Bürger nur die Eröffnung eines gängigen, grundsätzlich für alle Bürger ohne größeren Aufwand verfügbaren, elektronischen Kommunikationskanals verlangen.

Die **Möglichkeiten zum elektronischen Ersatz der Schriftform** sind

- in **Art 3a Abs. 2 und 3 BayVwVfG** sowie ergänzend
- in **Art. 31 Abs. 2 BayDiG** geregelt.

1. Schriftformersatz gem. BayVwVfG

Gem. Art 3a Abs. 2 BayVwVfG zugelassen als elektronische Form ist die

- **qualifizierte elektronische Signatur.**

Quelle: Bundesdruckerei

Gem. **Art. 3a Abs. 3** kann die Schriftform durch eine **Vielzahl weiterer technischer Verfahren** ersetzt werden. Die wichtigsten Verfahren sind:

- **Digital handschriftliche Signatur am Service Terminal in der Behörde** gem. **Art. 3a Abs. 3 Nr. 1 Fall 1:** („die unmittelbare Abgabe der Erklärung in einem elektronischen Formular, das von der Behörde in einem Eingabegerät […] zur Verfügung gestellt wird");

Quelle: Bundesdruckerei

- **Verwendung der eID-Funktion des Personalausweises über das Internet** gem. **Art. 3a Abs. 3 Nr. 1 Fall 2:** („bei einer Eingabe über öffentlich zugängliche Netze muss ein elektronischer Identitätsnachweis nach § 18 des Personalausweisgesetzes, nach § 12 des eID-Karte-Gesetzes oder nach § 78 Abs. 5 des Aufenthaltsgesetzes erfolgen");

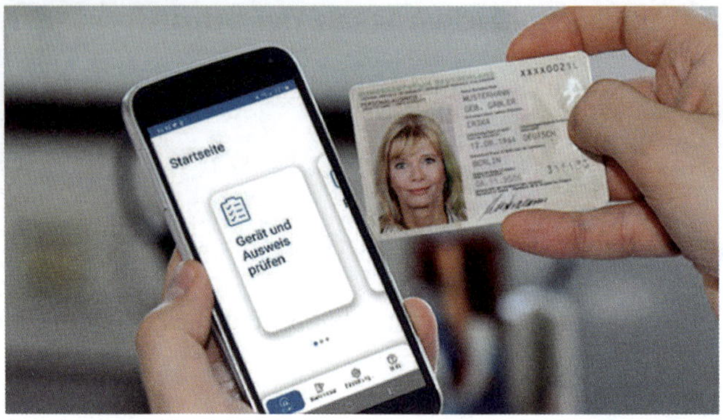

Quelle: BSI

- **durch Übermittlung einer von dem Erklärenden elektronisch signierten Erklärung an die Behörde** gem. **Art. 3a Abs. 3 Nr. 2 (über EGVP und De-Mail)**

- aus einem besonderen elektronischen **Anwaltspostfach** (§§ 31a und 31b BRAO)
- aus einem elektronischen **Behördenpostfach** (vgl. § 130a Abs. 2 Satz 2 ZPO)
- aus einem elektronischen **Bürger- oder Organisationspostfach** (vgl. § 130a Abs. 2 Satz 2 ZPO)
- mit der Versandart nach § 5 Abs. 5 des **De-Mail-Gesetzes**

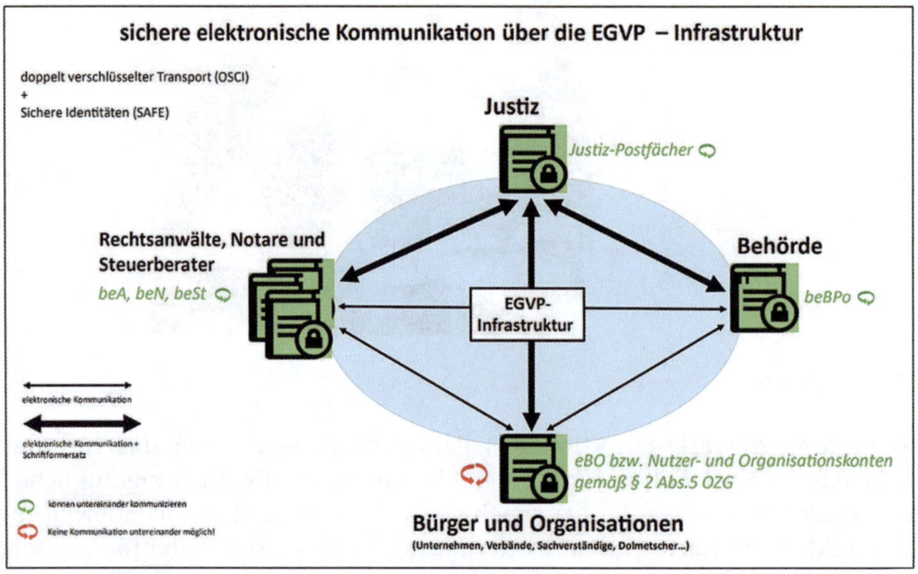

Quelle: BLK IT Arbeitsgruppe „IT-Standards in der Justiz“

- **bei elektronischen Verwaltungsakten oder sonstigen elektronischen Dokumenten der Behörde** gem. **Art. 3a Abs. 3 Nr. 3,**

  - indem diese mit dem qualifizierten elektronischen **Siegel der Behörde** versehen werden,
  - durch Versendung einer De-Mail-Nachricht nach § 5 Abs. 5 des **De-Mail-Gesetzes.**

- **sonstige sichere Verfahren, die durch Rechtsverordnung der Staatsregierung festgelegt** werden. Zugelassen und zertifiziert ist in Bayern gem. § 1 BayDiG das Verfahren **„Authega".**

2. Schriftformersatz gem. Art. 31 Abs. 3 BayDiG: Das Elster-Verfahren

Die Regelungen zum Ersatz der Schriftform nach BayVwVfG werden durch Art 31 BayDiG ergänzt.

Für die Praxis relevant ist insbesondere **Art. 31 Abs. 3 BayDiG,** wonach die Schriftform in Bayern auch ersetzt werden kann durch das **ELSTER-Zertifikat aus der Steuerverwaltung** (§ 87a Abs. 6 Satz 1 AO).

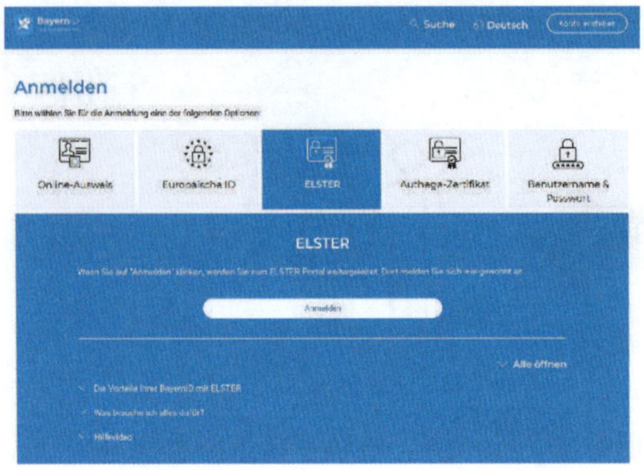

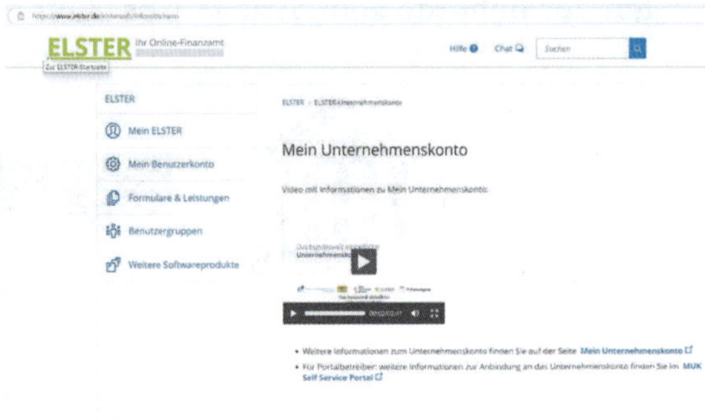

VII. Recht auf verschlüsselte elektronische Kommunikation (Art. 16 Abs. 1 Satz 3)

Gem. Art. 12 Abs. 1 Satz 1 i. V. m. Art. 16 Abs. 1 Satz 3 BayDiG haben die Nutzer weiterhin einen Anspruch auf **verschlüsselte** Kommunikation.

Die **verschlüsselte elektronische Kommunikation** muss von der Behörde gem. Art. 16 Abs. 1 Satz 3 BayDiG sowohl auf dem „Hinkanal" (Anträge an die Behörde) als auch auf dem „Rückkanal" (Bescheide an den Bürger) ermöglicht werden.

Die Wahl des Verschlüsselungsverfahrens liegt allerdings gem. Art. 3 Abs. 1 Satz 4 BayEGovG wiederum im **Auswahlermessen der Behörde**. In Betracht kommen z. B. eine **PGP-verschlüsselte E-Mail**, die **Transportverschlüsselung** im Rahmen von De-Mail oder **Verschlüsselungsverfahren im Rahmen der Kommunikation über Verwaltungsportale**.

Der Bürger hat daher nur einen Rechtsanspruch auf eine hinreichend sichere Verschlüsselung, aber **keinen Rechtsanspruch auf ein bestimmtes Verschlüsselungsverfahren**.

Hinweis:

Wie erfülle ich als Behörde meine Verschlüsselungspflicht?

Die Verpflichtung zur Verschlüsselung erfüllt jede Behörde, wenn und soweit sie sich an die BayernID und das BayernPortal anschließt und über den Postfachdienst der BayernID mit den Beteiligten kommuniziert. Diese vom Freistaat bereitgestellten Dienste verfügen über eine Verschlüsselung, die den Anforderungen des Art. 16 Abs. 1 Satz 3 entspricht.

VIII. Recht auf Kommunikation über Nutzerkonto und Postfach im Portalverbund Bayern (Art. 16 Abs. 1 i. V. m. Art. 26 Abs. 2 BayDiG)?

Der **Regelfall der digitalen Verwaltungskommunikation** zwischen Bürger und Behörden soll gem. § 1 und 3 OZG über den **Portalverbund** von Bund und Ländern und die hier bereitgestellten Nutzerkonten (Bürger- und Unternehmenskonten) abgewickelt werden.

Dieser Regelkommunikationsweg wird im BayDiG über die Regelungen zum Portalverbund Bayern in Art. 26 ff. BayDiG umgesetzt. Gem. Art. 26 Abs. 2 müssen die Behörden in Bayern über den Portalverbund Bayern u. a. die Rechte aus Art. 11 bis 13 gewährleisten und den Zugang zur digitalen Verwaltung gem. Art. 16 eröffnen.

Aus dem Sinn und Zweck von Art. 11, 12, 16 und Art. 26 Abs. 2 BayDiG dürfte sich ergeben, dass die **Nutzer auch einen Anspruch gegen die einzelnen Behörden auf Kommunikation über den Portalverbund Bayern** haben. Daraus folgt ein klagbares Recht gegenüber der einzelnen Behörde, ihre Dienste an den Portalverbund Bayern und insbesondere die Nutzerkonten anzuschließen.

Hinweis:

Zu beachten ist aber, dass **weder Art. 12 noch Art. 16 BayDiG explizit auf den Portalverbund Bayern verweisen.** Daher erscheint auch die gegenteilige Ansicht vertretbar, wonach die Behörden zwar gem. Art. 26 Abs. 2 unstrittig dazu verpflichtet sind, die digitale Kommunikation gerade auch über das BayernPortal und die BayernID (bzw. das Unternehmenskonto) zu eröffnen, dass hier aber **lediglich eine Gewährleistungspflicht besteht**. Ein Anspruch würde demnach gerade nicht bestehen (siehe oben I. und II.).

Anmerkung:

*Es wäre wünschenswert, wenn der **Gesetzgeber** bei der nächsten Novelle des BayDiG an dieser Stelle **für Klarheit** sorgen würde.*

IX. Recht auf elektronische Inanspruchnahme von Behördendiensten

Elektronische **Kommunikation und Identifizierung** sind zwar erforderlich, aber **nicht ausreichend für effektives E-Government**. Vielmehr müssen über die einmal geöffneten elektronischen Kanäle auch **konkrete Dienste angeboten** werden, die die Bürger in Anspruch nehmen können.

Daher begründet Art. 12 Abs. 1 Satz 1 Fall 2 in Verbindung mit Art. 17 Abs. 1 ein **Recht des Bürgers auf Bereitstellung geeigneter elektronischer Behördendienste.**

Der Begriff der Dienste ist dabei **weit** zu verstehen. Erfasst werden unter anderem

- alle Arten von Informations-, Auskunfts- und Datenbereitstellungsdiensten der Behörden, einschließlich Open (Government) Data Dienste und Geodatendienste
- sämtliche Verwaltungsservice im Zuständigkeitsbereich der Behörde, z. B. im Meldewesen, Ausweisangelegenheiten, Familienangelegenheiten und Personenstandswesen, einschließlich Kinderbetreuung, Ferienpass, Familienpass, Leistungen im Bereich Schulen und Bildung, Soziales und Wirtschaft und Tourismus
- verfahrensübergreifende Dienstleistungen, wie
  - elektronische Bürger- und Unternehmenskonten,
  - elektronische Postfachdienste oder
  - E-Payment-Dienste

Hinweis

- Art. 17 Abs. 1 Satz 2 BayDiG verpflichtet die **staatlichen** Behörden zudem, die **erforderlichen Informationsangebote** zur Nutzung der o.g. Dienste bereitzustellen.
- Für das elektronische **Rechnungswesen und Zahlungswesen** und für Behördendienste im Rahmen **förmlicher Verwaltungsverfahren** enthalten die **Art. 18 und 19 BayDiG Sonderregelungen.**

X. Recht auf elektronisches Bezahlen und E-Payment

Art. 18 Abs. 1 Halbsatz 1 BayDiG begründet ein Recht, Forderungen der Behörden im elektronischen Zahlungsverkehr zu begleichen. Die Behörde ist entsprechend verpflichtet, den elektronischen Zahlungsverkehrs zu ermöglichen, indem sie Zahlungspflichtigen eine Bankverbindung zur Abwicklung des elektronischen Zahlungsverkehrs mitteilt.

Allerdings verpflichtet Halbsatz 2 die Behörden zusätzlich, die Begleichung von Forderungen auch durch die Bereitstellung von **geeigneten elektronischen Zahlungsmöglichkeiten über öffentlich zugängliche Netze** zu ermöglichen.

Sofern sich ein Behördendienst (z. B. Geodatendienste) oder ein Verwaltungsverfahren (z. B. eine Ummeldung) technisch und wirtschaftlich sinnvoll mit einem **E-Payment-System** verknüpfen lässt, ist eine solche Online-Zahlungsoption anzubieten.

XI. Recht auf elektronische Rechnungsstellung

Mit Art. 18 Abs. 2 wurde der **Rechtsrahmen zur verpflichtenden Entgegennahme elektronischer Rechnungen durch Auftraggeber** i. S. d. § 98 GWB in Bayern. Die Vorschrift dient der Umsetzung der **Richtlinie 2014/55/EU** des Europäischen Parlaments und des Rates über die elektronische Rechnungsstellung bei öffentlichen Aufträgen auf der Ebene des Freistaates Bayern.

Art. 12 Abs. 1 Satz 1 Halbsatz 2 i. V. m. Art. 18 Abs. 2 Satz 1 BayDiG begründet im Sinne des GWB einen **Anspruch von Unternehmen** gegenüber den **Auftraggebern** i. S. d. § 98 GWB im Freistaat Bayern, **auf Entgegennahme und Verarbeitung elektronischer Rechnungen**.

Um die Berechtigung zur elektronischen Rechnungsstellung bzw. die Verpflichtung der Auftraggeber zur Entgegennahme elektronischer Rechnungen praktisch umzusetzen, bedarf es **einheitlicher Standards für die elektronische Rechnung**. Mit **XRechnung** hat der IT-Planungsrat am 22.6.2017 einen Standard für die elektronische Rechnungsstellung in Deutschland beschlossen.

Auf dieser Basis werden die Einzelheiten durch eine **Rechtsverordnung der Staatsregierung** geregelt (Art. 57 Abs. 1 Nr. 3 BayDiG).

XII. Recht auf elektronische Durchführung von Verwaltungsverfahren

Art. 19 BayDiG enthält Regelungen zur Gewährleistung eines **durchgängigen** „medienbruchfreien“ **elektronischen Verwaltungsverfahrens**, einschließlich elektronischer Formulare und elektronischer Nachweise.

Hinweise:

- Erfasst wird **nur das nach außen gerichtete Verwaltungshandeln** im Sinn des BayVwVfG. Rein behördeninterne Vorgänge, wie die elektronische Aktenführung, werden nicht erfasst.
- Art. 19 Abs. 1 bezieht sich – in Abgrenzung zu Art. 19 Abs. 2 – nicht auf elektronische Formulare, sondern auf **Online-Dienste im Sinne des OZG,** die über Nutzerkonten adressiert werden können.

Art. 12 Abs. 1 Satz 2 BayDiG begründet i. V. m. Art. 19 Abs. 1 Satz 1 das **Recht der Beteiligten auf das Angebot digitaler Verwaltungsverfahren**.

Das Recht auf digitale Verwaltungsverfahren umfasst seit 1.1.2024 **alle „geeigneten“ Verwaltungsverfahren.** Die bis zum 31.12.2023 geltende Beschränkung auf Verfahren, deren digitale Durchführung „wirtschaftlich und zweckmäßig“ ist, ist entfallen.

Die Behörden verfügen bei der Festlegung geeigneter Verfahren allerdings über einen **Beurteilungsspielraum.** Die Behörden sind verpflichtet, diesen Beurteilungsspielraum **beurteilungsfehlerfrei** auszuschöpfen.

Daraus folgt in der Regel für die Behörde die **Pflicht zur Aufstellung eines Digitalplans**, der auf Grundlage der örtlichen Gegebenheiten, Priorisierungen und Umsetzungszeitpläne für die **Bereitstellung von Online-Anträgen** enthalten sollte.

Bei der Aufstellung des Digitalplans sind die allgemeinen gerichtlichen Anforderungen an die **Ausübung eines Beurteilungsspielraums** zu beachten. **Beurteilungsfehler** liegen demnach insb. in folgenden Fällen vor:

- Eine nachvollziehbare Begründung ist nicht vorhanden.
- Die Verfahrensvorschriften wurden nicht eingehalten.
- Der ermittelte Sachverhalt ist unzutreffend oder unzureichend.
- Die allgemeingültigen Grundsätze der Bewertung wurden missachtet.
- Es liegen sachfremde Erwägungen vor.

Orientierungspunkte für die Praxis:

- Dienste müssen daher weiter insb. dann nicht online angeboten werden, wenn dies **technisch oder rechtlich unmöglich oder wirtschaftlich unverhältnismäßig** ist.
- Umgekehrt reduziert sich der **Beurteilungsspielraum auf null,**
  - wenn die Behörde zur Bereitstellung des Online-Dienstes konkret **rechtlich verpflichtet** ist (z. B. als verbindlicher **Basisdienst** Art. 37 Abs. 3 Satz 2) oder
  - wenn Verwaltungsdienste vom Freistaat oder von anderen Einrichtungen kostenfrei zur Nachnutzung zur Verfügung gestellt werden (zu den sog. **„Bayern-Packages“** siehe unten …)

Hinweis:

Erweiterte Spielräume der Kommunen im eigenen Wirkungskreis gem. Art. 19 Abs. 1 Satz 2 BayDiG

Die oben genannten, vergleichsweise strengen Anforderungen werden vom Gesetzgeber im Interesse des Schutzes der kommunalen Selbstverwaltung gelockert. Gem. Art. 19 Abs. 1 Satz 2 wird die strenge Pflicht zur Bereitstellung von geeigneten Online-Verfahren zu einer „Soll-Bestimmung" reduziert, wenn es sich um Verwaltungsverfahren im eigenen Wirkungskreis handelt.

Praxistipp: Art. 19 Abs. 1 Satz 2 ermöglicht es den Kommunen, in begründeten Fällen Dienste auch dann NICHT online anzubieten, wenn sie nach den oben gennannten Kriterien „an sich als geeignet" einzustufen sind.

Im Rahmen eines Digitalplans wäre es daher wohl zulässig, **Dienste im eigenen Wirkungskreis z. B. dann zu de-priorisieren**, wenn vorrangig noch Digitalisierungsaufgaben im Bereich des übertragenen Wirkungskreises, insb. bei **Pflichtaufgaben**, umzusetzen sind.

XIII. Recht auf Bereitstellung elektronischer Formulare

Art. 12 Abs. 1 Satz 2 i. V. m. Art. 19 Abs. 2 Satz 1 BayDiG begründet einen **Anspruch des Bürgers auf Bereitstellung von online ausfüllbaren elektronischen Formularen** über das Internet als Teil des elektronischen Verwaltungsverfahrens.

Die Regelung soll es dem Bürger ermöglichen, auf **alle zur Verfahrensdurchführung erforderlichen Formulare einfach und schnell online zugreifen zu können**. Behördengänge werden so entbehrlich.

Hinweis:

Die Verpflichtung und das entsprechende Recht des Bürgers auf ein Formularangebot gelten **gem. Abs. 2 Satz 2 nicht,** wenn die Behörde für den konkreten Fall **bereits Onlinedienste im Sinne des OZG gem. Abs. 1 bereitstellt.** Dadurch soll verhindert werden, dass die Behörde sowohl Online-Dienste als auch Online-Formulare für ein und denselben Antragsprozess bereitstellen muss.

XIV. Recht auf elektronische Vorlage von Nachweisen

Es ist nicht selten, dass Beteiligte in einem Verwaltungsverfahren Nachweise erbringen und hierzu u. a. Urkunden (Zeugnisse, Bescheinigungen und sonstige Belege) vorlegen müssen. Soweit derartige Nachweise eingereicht werden müssen, genügt künftig grundsätzlich eine elektronische Übermittlung (Satz 1).

Entsprechend hat der Bürger gem. Art. 12 Abs. 1 Satz 2 i. V. m. Art. 19 Abs. 2 BayDiG grundsätzlich ein **Recht auf elektronische Vorlage von Nachweisen.**

Allerdings **kann die Behörde** nach Satz 2 **auch weiterhin im Einzelfall oder bei bestimmten Verfahrensarten** die **Vorlage eines Originals** verlangen, soweit hierfür ein sachlicher Grund vorliegt.

XV. Recht auf elektronische Identifizierung via neuen Personalausweis

Gem. Art. 12 Abs. 1 Satz 2 i. V. m. Art. 19 Abs. 3 BayDiG besteht ein **Recht auf elektronische Identifizierung** im Rahmen von elektronischen Verfahren, die kraft Gesetzes oder aufgrund behördlicher Anordnung einen Identitätsnachweis im Sinne des PAuswG erfordern.

Anders als bei der elektronischen Kommunikation (vgl. Art. 16 Abs. 1 BayDiG) ist die Behörde bei der elektronischen Identifizierung ausdrücklich verpflichtet, einen Identitätsnachweis im Sinne des PAuswG, also die **elektronische Identifizierungsfunktion des neuen Personalausweises** anzubieten.

Die Behörde hat in den von Art. 19 Abs. 3 BayDiG genannten Verfahren also gerade **kein technisches Auswahlermessen** zugunsten anderer elektronischer Identifizierungsverfahren. Entsprechend hat der Bürger gem. Art. 12 Abs. 1 Satz 2 i. V. m. Art. 19 Abs. 3 BayDiG für die dort genannten Verfahren einen Anspruch auf die Bereitstellung der elektronischen Identifizierungsfunktion des neuen Personalausweises.

XVI. Analoge Inanspruchnahme von Verwaltungsleistungen und „Digital Only“

Das BayDiG begründet **Rechte von Bürgern und Unternehmen auf E-Government** und entsprechende Pflichten der Behörden. Das Gesetz begründet aber gerade **keine allgemeinen Pflichten von Bürgern und Unternehmen zum E-Government.**

Art. 12 Abs. 1 Satz 3 stellt klar, dass die Beteiligten **Verwaltungsdienste auch künftig in nichtdigitaler Form in Anspruch nehmen können**, also z. B. Anträge schriftlich oder zur Niederschrift in der Behörde einreichen können.

Die Behörde kann vom Bürger also grundsätzlich weder verlangen, dass dieser Anträge ausschließlich elektronisch stellt, noch dass dieser Bescheide oder sonstige Dienste elektronisch entgegennimmt. Etwas anderes gilt allerdings dann, wenn im BayDiG selbst oder in besonderen Bundes- oder Landesgesetzen ein **ausschließlich digitales Verfahren („Digital Only“)** vorgesehen ist.

Das BayDiG sieht in **Art. 20** den Übergang zu **digitalen Verfahren als Regelfall** vor. Zur Umsetzung dieser Zielsetzung eröffnen die **Art. 20 Abs. 2 und 3** zwei unterschiedliche Wege zur Einführung rein digitaler Verwaltungsangebote.

„Allgemeine Digital-Only-“Option“ für Behörden: Art. 20 Abs. 2 sieht (unter dem dort genannten technischen Voraussetzungen) generell die Möglichkeit vor, Verwaltungsleistungen ausschließlich digital bereit zustellen. Die Behörde muss aber in **Härtefällen** Ausnahmen vorsehen (Art. 20 Abs. 2 Satz 2).

„Digital Only Option in Personalsachen“: Art. 20 Abs. 3 sieht auch speziell für die Personalverwaltung und die Personalwirtschaft die Möglichkeit zu rein digitalen Angeboten vor. Anders als bei Abs. 2 ist hier aber **keine Härtefallregelung** vom Gesetz vorgesehen.

Teil D
Das Digitalgesetz aus Behördensicht im Überblick

Einleitende Fragestellungen

Das Bayerische Digitalgesetz zielt auf den flächendeckenden Auf- und Ausbau der digitalen Verwaltung auf allen Verwaltungsebenen. Welche wesentlichen Schritte und Bausteine umfasst dieser vom Gesetzgeber gewollte Aufbau des E-Governments? Welche wesentlichen Maßnahmen müssen die Behörden im Verhältnis zum Bürger unternehmen und welche Schritte sind behördenintern einzuleiten?

Das folgende Kapitel gibt hierzu einen Überblick.

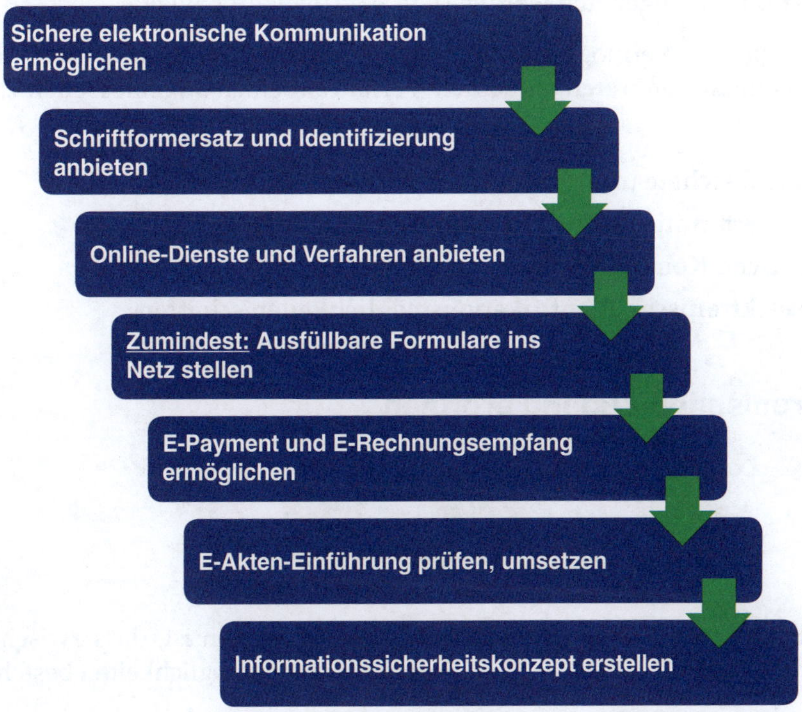

Abb. 1: Schritte auf dem Weg zur digitalen Verwaltung (orientiert an den Art. 16 bis 40 BayDiG)

I. Sichere Kommunikation ermöglichen

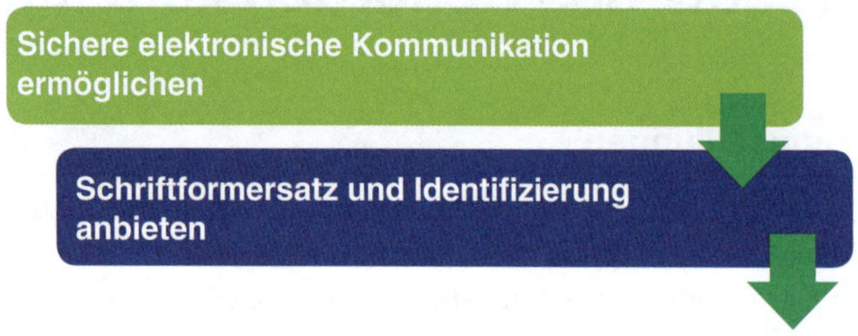

Das Ziel der Art. 16 bis 40 BayDiG liegt in der **lückenlosen elektronischen Kommunikation** zwischen Verwaltung und Bürger. Um dieses Ziel zu erreichen, sollen grundsätzlich **alle Schritte der Verwaltungskommunikation** zwischen Bürger und Behörde (auch) **elektronisch** angeboten werden (vgl. Art. 16 bis 19 BayDiG).

Um E-Government zu ermöglichen, muss die Behörde zunächst **allgemein (d. h. unabhängig von einem konkreten einzelnen Verfahren)** einen **angemessenen Zugang** für eine

- hinreichend **sichere** und
- rechtlich **verbindliche** (d. h. Schriftform ersetzende)

  elektronische Kommunikation zum Bürger schaffen und
- sichere **elektronische Identifikationsmöglichkeiten schaffen.**

1. Elektronischen Zugang eröffnen

Unabdingbare Voraussetzung für elektronisches Verwalten ist, dass zwischen Bürger und Behörde überhaupt elektronische Kommunikationsmöglichkeiten bestehen.

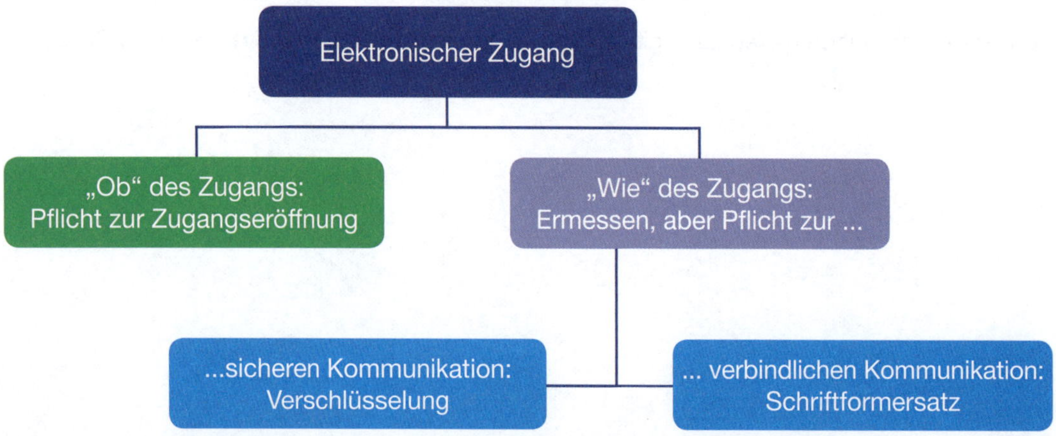

Abb. 2: Anforderungen an den elektronischen Zugang zur Behörde

Das BayDiG verpflichtet grundsätzlich jede Behörde in Bayern, einen elektronischen Zugang für die Kommunikation mit dem Bürger zu eröffnen (Art. 16 Satz 1 BayDiG). Die Behörde hat insoweit also **kein Entschließungsermessen**.

Das Gesetz stellt es jedoch grundsätzlich der Behörde frei, wie sie diese Verpflichtung erfüllt. Die Behörde hat also ein **technisches Auswahlermessen (Art. 16 Satz 4 BayDiG)**.

Dieses **Auswahlermessen** hat der Gesetzgeber jedoch im Interesse an einer sicheren und rechtlich verbindlichen elektronischen Kommunikation **in doppelter Hinsicht beschränkt**. Die Behörde muss

- eine sichere Kommunikation durch **geeignete Verschlüsselungsverfahren** (z. B. PGP-Verschlüsselung, Transportverschlüsselung bei De-Mail etc.) anbieten (siehe unten Teil D I 2, Teil E I 2),
- eine rechtlich verbindliche, d. h. **Schriftform ersetzende Kommunikation** (z. B. durch die qualifizierte elektronische Signatur, De-Mail oder die eID-Funktion des neuen Personalausweises, vgl. Art. 3a Abs. 2 und 3 BayVwVfG) ermöglichen (siehe unten Teil D II 1, Teil E II 2).

Im **Rahmen dieser gesetzlichen Beschränkungen** ist die Behörde in ihrem Auswahlermessen aber wieder **frei,**

- **welches Verschlüsselungsverfahren** und
- **welchen gesetzlich zugelassenen Schriftformersatz**

sie dem Bürger anbietet. Ein Anspruch des Bürgers auf ein **bestimmtes technisches Verfahren** besteht also gerade **nicht.**

2. Sichere Kommunikation ermöglichen

Das Gesetz verpflichtet die Behörde weiter, auch sichere elektronische Kommunikationsmöglichkeiten auf dem Hinkanal zur Behörde sowie auf dem Rückkanal zum Bürger zu schaffen (Art. 16 Satz 3 BayDiG). Auch hier ist die Behörde jedoch lediglich in ihrem Entschließungsermessen, nicht aber in ihrem Auswahlermessen beschränkt.

Die Behörde kann zur Erfüllung ihrer Verpflichtungen also z. B.

- eine **E-Mail mit PGP-** (Pretty Good Privacy) **Verschlüsselung** oder
- **ein Webformular mit SSL-Verschlüsselung** anbieten.

Ebenfalls den Anforderungen genügt die

- **De-Mail mit Transportverschlüsselung** oder
- die **Kommunikation über die Dienste des BayernPortals** (Postkorb und sicheres Kontaktformular).

Im Einzelnen siehe unten Teil E I 2.

II. Elektronischer Schriftformersatz und Identifizierung

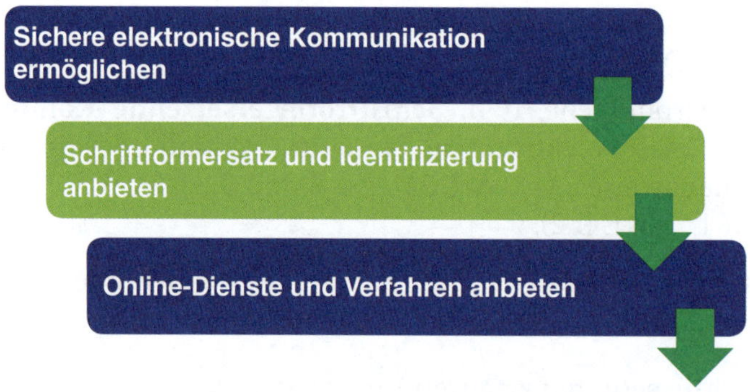

1. Elektronischen Schriftformersatz anbieten

Das Gesetz verpflichtet die Behörde weiter, auch ein **Schriftform ersetzendes Verfahren** anzubieten.

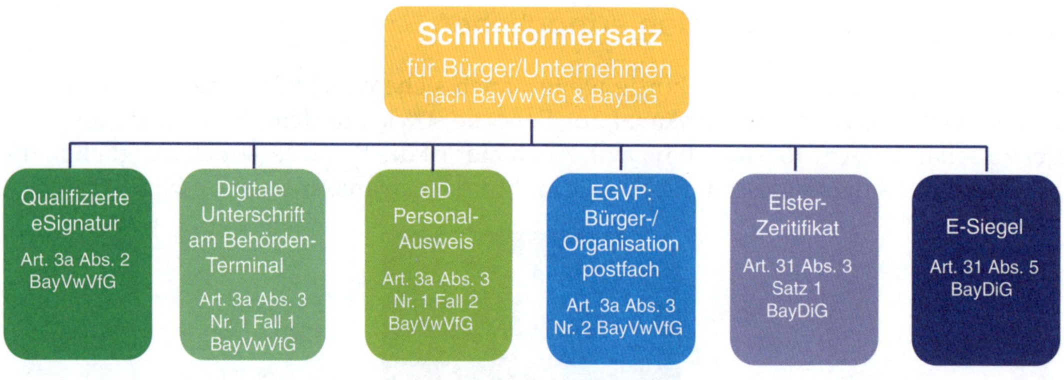

Abb. 3: Möglichkeiten zum Schriftformersatz

Den zulässigen elektronischen Ersatz der Schriftform hat der Gesetzgeber nicht unmittelbar in Art. 16 BayDiG geregelt. Vielmehr verweist Art. 16 BayDiG auf Art. 3a Abs. 2 und 3 BayVwVfG. Art. 3a Abs. 2 und 3 BayVwVfG erkennt in Bayern grundsätzlich vier Formen des Schriftformersatzes an.

Abb. 4: Ausgewählte schriftformersetzende Verfahren nach Art. 3a Abs. 2 und 3 BayVwVfG

Die Behörden können nach pflichtgemäßem Ermessen entscheiden, welches der in Art. 3a Abs. 2 und 3 BayVwVfG genannten Verfahren sie wählen bzw. anbieten.

- Die **qualifizierte elektronische Signatur**. Hierbei handelt es um ein sicheres Signaturverfahren, das bereits vor mehr als zehn Jahren in Deutschland eingeführt worden ist. Das Verfahren hat sich in der Praxis jedoch nicht durchsetzen können, nicht zuletzt, weil es mit hohem technischen Aufwand und Kosten verbunden ist (u. a. besondere Signatureinheit erforderlich).
- In der Praxis inzwischen deutlich erfolgreicher ist dagegen der Schriftformersatz mit der **elektronischen Identifizierungsfunktion des elektronischen Personalausweises** (eID-Funktion des ePA). Der ePA verfügt über eine elektronische Identifizierungsfunktion. Diese eID-Funktion kann vom Bürger auch zum elektronischen Ersatz der Schriftform genutzt werden. Zunächst wurde auch die eID-Funktion wenig genutzt, u. a. weil zur Nutzung bisher grundsätzlich ein besonderes Lesegerät angeschafft werden muss. Diese technische Hürde konnte mit der AusweisApp2 deutlich abgesenkt werden, da seither NFC-fähige Handys als Lesegerät verwendet werden können (https://www.ausweisapp.bund.de/home). Mit der Verknüpfung attraktiver Online-Angebote an die Nutzung des ePA konnten die Nutzerzahlen in den letzten Jahren erhöht werden (https://www.einmalzahlung200.de/eppsg-de).
- Aufgrund des zunächst nur begrenzten Erfolgs der anderen Verfahren hat Bayern mittlerweile mit **authega** ein weiteres elektronisches Verfahren zum Schriftformersatz zugelassen. Das Verfahren beruht auf der Technik der elektronischen Steuererklärung (**ELSTER-Online**), die praktisch sehr erfolgreich ist (über 20 Mio. Erklärungen p.a.). Die Nutzung ist für den Bürger **ohne besonderes Signatur- oder Lesegerät möglich**. Die Anmeldung kann für den Bürger rein online erfolgen.
- Als weiterer Schriftformersatz im „Hinkanal zu den Behörden" wird durch Art. 3a Abs. 3 Fall 2 das „elekronische Bürger- und Organisationspostfach" gemäß § 130a ZPO zugelassen. Damit können Bürger und Organisationen auch die EGVP-/EJustice Infrastruktur an Schriftformersatz im egovernment nutzen

Frage: Und was ist mit ELSTER als Schriftformersatz?

- Art. 16 BayDIG verweist **nur auf den Schriftformersatz gem. Art. 3a Abs. 2 BayVwVfG**, also auf qeS, ePA, De-Mail und Authega.
- Nicht enthalten ist in Art. 16 dagegen ein Verweis auf die **weiteren, im BayDiG selbst eingeführten Formen des Schriftformersatzes in Art. 31 Abs. 3 (ELSTER).**
- Unter dem **Gesichtspunkt der Nutzerfreundlichkeit** ist den Behörden grundsätzlich zu empfehlen, den Schriftformersatz per **ePA** (damit erfüllen Sie bereits die Mindestpflicht aus Art. 16) und zusätzlich (freiwillig) auch **per ELSTER** anzubieten, da dies die beiden verbreitetsten Techniken sind.
- **„Nutzerfreundlichkeit für Behörden leicht gemacht":** Durch den Anschluss Ihrer Dienste an die **BayernID** stellen Sie den Bürgerinnen und Bürgern automatisch sowohl den ePA als auch ELSTER als digitale Unterschriftsmöglichkeiten zur Verfügung.

2. Vertrauenswürdige elektronische Identifizierung anbieten

Die bloße Eröffnung eines sicheren (und Schriftform ersetzenden) Kommunikationskanals ist für ein effektives E-Government zwar unverzichtbar, aber nicht ausreichend. Um gegenüber dem Bürger elektronisch Leistungen erbringen zu können, benötigt die Behörde zusätzlich die Möglichkeit, zu überprüfen, ob der Online-Antragsteller auch tatsächlich über diejenige Identität verfügt, unter der er online auftritt.

Erforderlich ist damit die Möglichkeit der Behörde, die **Identität des Nutzers elektronisch zu überprüfen**. Aus Sicht des Bürgers bedarf es entsprechend einer Möglichkeit, sich **elektronisch gegenüber der Behörde zu identifizieren. Soweit keine besonderen gesetzlichen Pflichten** bestehen (siehe Art. 19 Abs. 3, hierzu unten Teil E II 1), obliegt es der Behörde zu entscheiden, **welche Art der elektronischen Identifizierung sie anerkennt** und wie strenge Maßstäbe sie hinsichtlich der Vertrauenswürdigkeit der Identifizierung (sog. Vertrauensniveau) anlegt.

Bei unproblematischen bzw. **nicht sensitiven Verwaltungsleistungen**, wie etwa bloßen sachlichen (nicht personenbezogenen) Auskünften, z. B. über Öffnungszeiten, kann die Behörde daher ggfs. ganz auf eine **Identifizierung verzichten** oder sich mit einer „einfachen", d. h. nicht besonders sicheren oder überprüfbaren Identifizierung wie einer **E-Mail-Adresse** begnügen. Bei sensibleren Diensten und Verfahren müssen dagegen strengere Maßstäbe angelegt werden.

Praktisch erleichtert wird die Wahl geeigneter Verfahren, da die zuvor beim **elektronischen Schriftformersatz** genannten Verfahren alle **auch eine elektronische Identifizierung** des Nutzers des Schriftformersatzes ermöglichen.

Hinweis

Dies ist auch durchaus kein Zufall. Ein Zweck der „analogen" Unterschrift auf Papier liegt ja gerade darin, den Unterschreibenden hinreichend sicher zu identifizieren. Von daher ist es notwendig, dass auch die „elektronische Unterschrift" eine Identifizierung ermöglicht.

Abb. 5: Verfahren zur elektronischen Identifizierung und zum Schriftformersatz

Als in der Regel hinreichend sichere Identifizierungsmöglichkeiten kommen für sensiblere Dienste und Verfahren daher – wie beim Schriftformersatz – vor allem folgende Verfahren in Betracht:

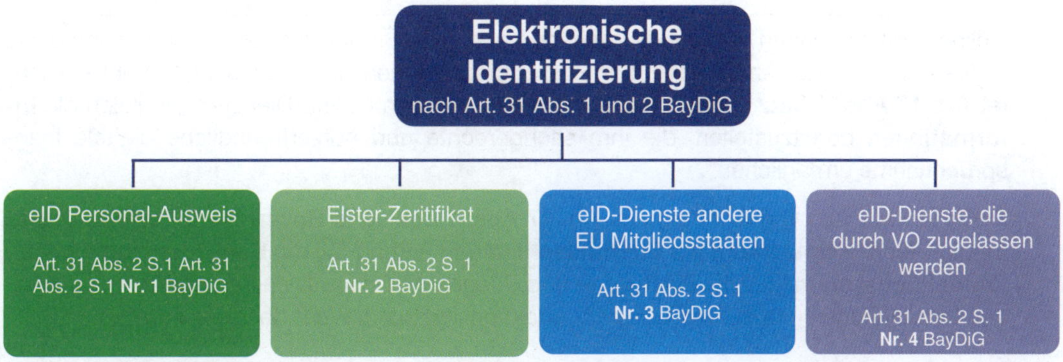

Abb. 6: Rechtlich anerkannte Möglichkeiten zur (vertrauenswürdigen) elektronischen Identifizierung

III. Online-Dienste und Verfahren elektronisch bereitstellen

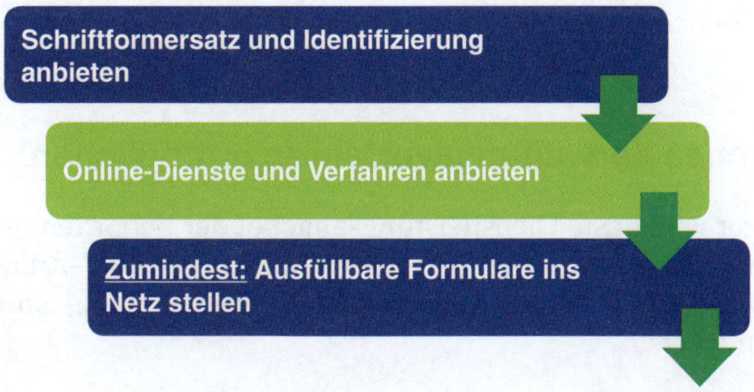

Die **bloße Eröffnung eines** (sicheren und rechtlich grundsätzlich verbindlichen) elektronischen **Kommunikationskanals** ermöglicht allerdings alleine noch kein E-Government, sondern erst dann, wenn die Nutzer über diesen „offenen" Kanal auch

- tatsächlich möglichst alle **Verwaltungsdienste der Behörden** auch online abrufen und nutzen können und
- **im elektronischen Verwaltungsverfahren**
  - **Anträge elektronisch** stellen,
  - **Bescheide auf elektronischem Wege erhalten** und
  - hierzu erforderliche **elektronische Formulare** abrufen und einsetzen können.

1. Online-Dienste bereitstellen

Das BayDiG verpflichtet die Behörden daher, geeignete Dienste und Verfahren grundsätzlich auch elektronisch anzubieten (vgl. Art. 17 Abs. 1 und 19 Abs. 1 BayDiG).

Hinweis: Online-Dienste, BayernPortal & Redaktionssystem

Online-Dienste können von den Bürgerinnen und Bürgern nur genutzt werden, wenn diese im Netz auch mit den entsprechenden Zusatzinformationen auffindbar sind. Daher verpflichtet **Art. 17 Abs. 1 Satz 2 BayDIG** die Behörden, mit den Online-Diensten „zugleich die **Informationen** bereitzustellen, die ihre sachgerechte und nutzerfreundliche digitale Inanspruchnahme ermöglichen".

Praktisch wird die Verpflichtung aus Art. 17 Abs. 1 **über das BayernPortal erfüllt**. Dieses fungiert **für die Nutzenden als Suchmaschine** und enthält **für die Behörden zugleich ein „Redaktionssystem"** für die Einstellung und Pflege von Online-Diensten und den zugehörigen Informationen (https://www.bayvis-redaktionssystem.bayern.de/login.xhtml).

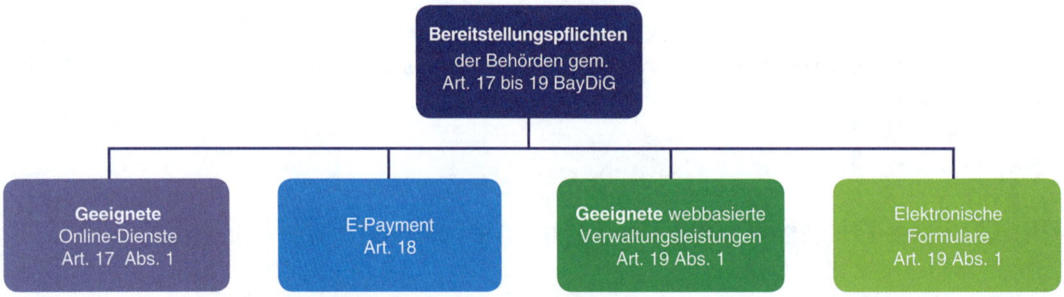

Abb. 7: Pflicht zur Bereitstellung von Diensten und Verfahren

2. Elektronisches Verwaltungsverfahren ermöglichen

Das für den Bürger wichtigste Dienstleistungsangebot der Behörden liegt in der Durchführung von **Verwaltungsverfahren** (An- und Ummeldung, KFZ-Zulassung, Personalausweis- und Passwesen, Baugenehmigung und diverse andere Leistungen des Staates und der Kommunen etc.).

Daher verpflichtet Art. 19 Abs. 1 BayDiG die Behörden explizit zum Angebot von „**geeigneten**“ digitalen Verwaltungsleistungen. Mit dem Begriff der „Geeignetheit“ räumt das Gesetz den Behörden einen „**Beurteilungsspielraum**“ ein. Dieser Spielraum muss ordnungsgemäß ausgeübt werden. Als „geeignet“ ist eine Verwaltungsleistung grundsätzlich dann anzusehen, wenn die Bereitstellung **technisch möglich** und **wirtschaftlich nicht unverhältnismäßig** ist.

Der **Begriff der Verwaltungsleistungen** bezeichnet Online-Dienste, die der Abwicklung von Verwaltungsverfahren gegenüber den Bürgern dienen. Beim **Verwaltungsverfahren** handelt es sich um das **nach außen gerichtete Verwaltungshandeln** i. S. d. BayVwVfG, das auf eine verbindliche rechtliche Regelung gerichtet ist (vgl. Art. 9 BayVwVfG). Diese verbindliche Regelung kann im Erlass eines **Verwaltungsaktes** i. S. d. Art. 35 BayVwVfG (z. B. Baugenehmigung, Baubeseitigungsanordnung), aber auch im Abschluss eines **öffentlich-rechtlichen Vertrags** liegen (Art. 54 ff. VwVfG).

Hinweis

Art. 19 Abs. 1 BayDiG verpflichtet die Behörden **aus technischer Sicht** zu einer digitalen Umsetzung der Verwaltungsleistung entsprechend dem **OZG-Reifegrad 3**. Siehe dazu sogleich unten näher.

Um ein lückenlos „medienbruchfreies“ elektronisches Verwaltungsverfahren zu ermöglichen, müssen insbesondere die **Antragstellung**, **Antragsbearbeitung** und die **Bekanntgabe** des Bescheids elektronisch angeboten werden.

Abb. 8: Schritte im elektronischen Verwaltungsverfahren

Hierzu gibt es jeweils verschiedene technische Möglichkeiten, die im Folgenden im Überblick dargestellt werden:

- **Elektronische Antragstellung durch den Bürger**, z. B. über E-Mail oder De-Mail, (siehe hierzu unten Teil E II 2.4), ein elektronisches Online-Portal (siehe hierzu unten Teil E II 2.5) oder über ein elektronisches Eingabegerät in der Behörde (z. B. ein Terminal in einer Bürgerservicestelle).

- **Elektronische Antragsbearbeitung,** z. B. im Rahmen eines Dokumentenmanagementsystems oder auch im Rahmen eines sog. „Fachverfahrens", das auf einzelne - Verwaltungsleistungen beschränkt ist (z. B. Meldewesen, Passwesen etc.).
- **Elektronische Bekanntgabe des Bescheids an den Bürger** nach Abschluss der Antragsbearbeitung. Dies kann grundsätzlich, ähnlich wie bei der Antragstellung, durch E-Mail oder De-Mail oder über Online-Portale der Behörde erfolgen.

Die vorstehend beschriebene Prozessstruktur entspricht (bis auf die interne Anftragsbearbeitung) dem **OZG-Reifegrad 3**.

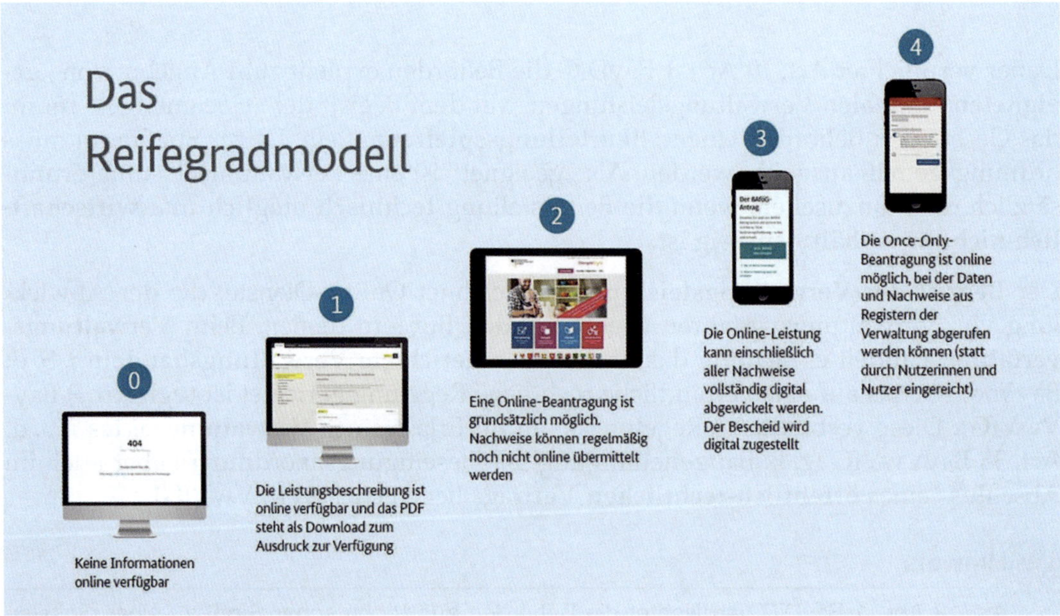

Abb. 9: Reifegradmodell

Quelle: BMI

Praxistipp:

Eine Handreichung zur rechtssicheren Erfüllung von Art. 19 BayDiG durch die Behörden in Bayern kann bei der BayKommun AöR angefordert werden!

IV. Elektronische Formulare bereitstellen

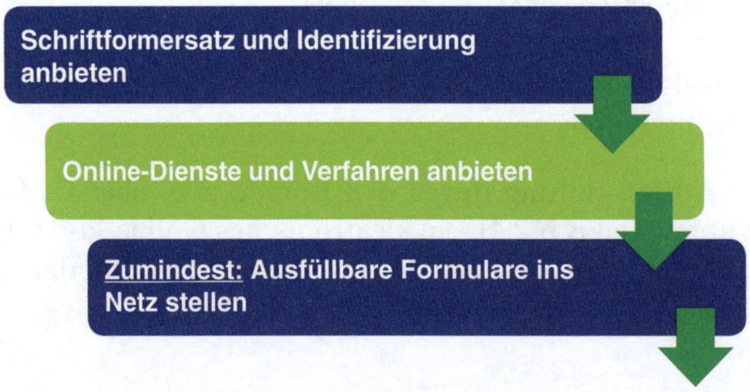

Praktisch alle für den Bürger besonders relevanten Verwaltungsverfahren sind in der analogen Welt **„formulargebunden"**, d. h., die Behörde hält Formulare bereit, die vom Bürger typischerweise verwendet werden müssen oder jedenfalls verwendet werden sollen, wenn eine Leistung beantragt wird.

Für die elektronische Antragstellung (als Anstoß für das elektronische Verwaltungsverfahren) hat sich dagegen als **gesetzliche Regelanforderung die Bereitstellung eines Online-Dienstes** etabliert, **der mit einem Nutzerkonto verknüpft** werden kann.

Auch in der Praxis verdrängen Online-Dienste des Reifegrads 3 (siehe oben III.) die früher vorherrschenden PDF-Formulare immer mehr.

Art. 19 Abs. 1 belässt den Behörden aber immer noch einen Beurteilungsspielraum (siehe oben III.) Wenn die Bereitstellung eines Online-Dienstes nach Art. 19 Abs. 1 noch oder noch nicht in Betracht kommt, greift ergänzend der **Mindeststandard** des Art. 19 Abs. 2 S. 1 BayDiG. Die Norm verpflichtet die Behörden alle **ohnehin vorgehaltenen Formulare** zumindest als **online ausfüllbares PDF zum Download** anzubieten (Art. 19 Abs. 2).

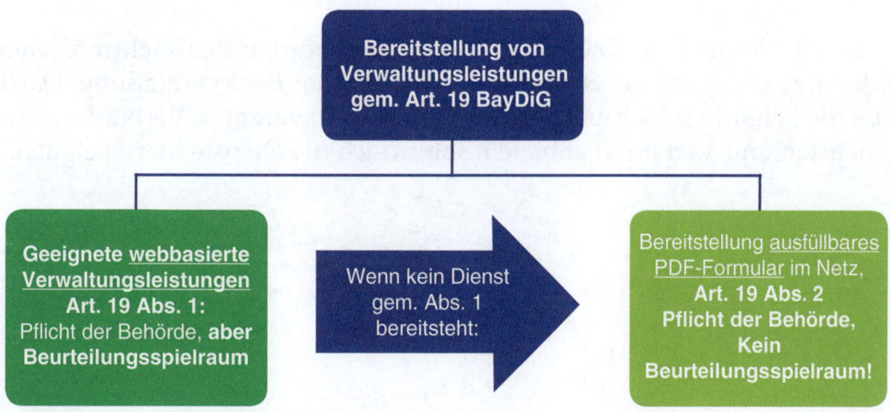

Abb. 10: Optionen zur Bereitstellung von elektronischen Formularen

V. E-Payment und E-Rechnung vorbereiten

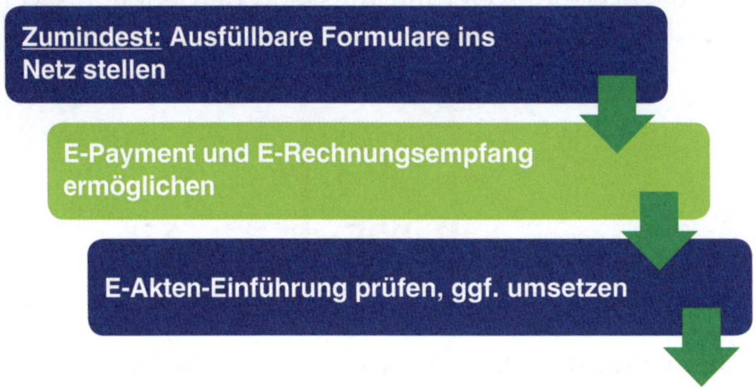

Auch der **Zahlungsverkehr und das Kassen- und Rechnungswesen** müssen auf das E-Government eingestellt werden. Bürger oder Unternehmen, die Online-Dienste der Verwaltung in Anspruch nehmen, müssen

- hierbei anfallende Gebühren und Kosten **elektronisch bezahlen** (E-Payment)
- sowie im Geschäftsverkehr **bei Beschaffungen** der Verwaltung ihre **Rechnungen elektronisch** einreichen können (E-Rechnung).

1. E-Payment vorbereiten

Art. 18 Abs. 1 Halbsatz 1 BayDiG verpflichtet die Behörden den **elektronischen Zahlungsverkehr** zu ermöglichen, etwa durch Angabe einer Bankverbindung. Darüber hinaus muss die Behörde jedoch auch **echtes Online-E-Payment** in Verbindung mit ihren Online-Diensten und Verfahren anbieten, sofern sich die Dienste hierzu eignen.

2. E-Rechnung vorbereiten

Art. 18 Abs. 2 Satz 1 BayDiG begründet eine **Verpflichtung der Auftraggeber** i. S. d. GWB in Bayern zur **Entgegennahme und Verarbeitung elektronischer Rechnungen**.

Quelle: BMI

Um die Berechtigung zur elektronischen Rechnungsstellung bzw. die Verpflichtung der Auftraggeber zur Entgegennahme elektronischer Rechnungen praktisch umzusetzen, bedarf es **einheitlicher Standards für die elektronische Rechnung**.

Mit XRechnung hat der IT-Planungsrat am 22.6.2017 einen Standard für die elektronische Rechnungsstellung in Deutschland beschlossen. Aktuell gilt die Version XRechnung 2.0.1 des Bundesministeriums des Innern, für Bau und Heimat vom 12. Januar 2021 (BAnz AT 05. Februar 2021 B1).

Die Einzelheiten für die Pflicht zum Empfang elektronischer Rechnungen in Bayern werden in **§ 8 Bayerische Digitalverordnung (BayDiV) geregelt.**

Nach § 8 besteht eine **Pflicht der Behörden zur Entgegennahme** elektronischer Rechungen **nur, wenn**

- der Wert des öffentlichen Auftrags den Betrag von **1 000 €** ohne Umsatzsteuer erreicht,
- die elektronische Rechnung in einem Datenaustauschstandard ausgestellt ist, der der europäischen Norm **EN 16931-1:2017** und einer der in dem Anhang zu dem Durchführungsbeschluss (EU) 2017/1870 genannten Syntaxen entspricht,

und die elektronische **Rechnung inhaltlich**

- ein durch den Rechnungsempfänger vorgegebenes **Identifikationskennzeichen**,
- die **Zahlungsbedingungen**,
- die **Bankverbindungsdaten** des Zahlungsempfängers und
- eine **E-Mail-Adresse** des Rechnungsstellers

enthält.

Hinweis:

Die Voraussetzungen des Datenaustauschstandards gem. **EN 16931-1:2017** gelten als erfüllt, wenn die elektronische Rechnung den Anforderungen gemäß der Bekanntmachung des **Standards XRechnung** (Version XRechnung 2.0.1) des Bundesministeriums des Innern, für Bau und Heimat vom 12. Januar 2021 (BAnz AT 05. Februar 2021 B1) in der jeweils geltenden Fassung entspricht.

Merke

Elektronische Rechnungen, bei denen die o. g. Voraussetzungen nicht erfüllt sind, **können unverzüglich zurückgewiesen werden**. Sie gelten im Falle der Zurückweisung als nicht zugegangen.

VI. E-Administration I: Die Einführung der elektronischen Akte

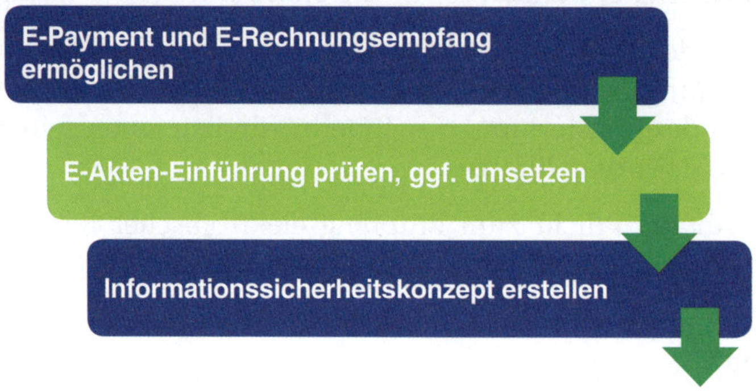

Das Bayerische Digitalgesetz zielt auf die lückenlose „medienbruchfreie" verwaltungsinterne und verwaltungsexterne elektronische Kommunikation. Das Gesetz erfasst daher nicht nur die elektrische Kommunikation und die Bereitstellung elektronischer Dienste und Verfahren im Außenverhältnis zwischen Behörde und Bürger (Art. 12, 16 bis 32 BayDiG), sondern enthält auch **Regelungen zur verwaltungsinternen** und **zur zwischenbehördlichen elektronischen Kommunikation** (E-Administration, Art. 33 bis 35 und Art. 36 bis 40).

eAkte Bayern©

Quelle: StMI

Quelle: Landkreis München

Eine Schlüsselstellung in medienbruchfreien elektronischen Verwaltungsprozessen nimmt die digitale Aktenführung ein. Diese findet ihren Rechtsrahmen in **Art. 33 bis 35 BayDiG**.

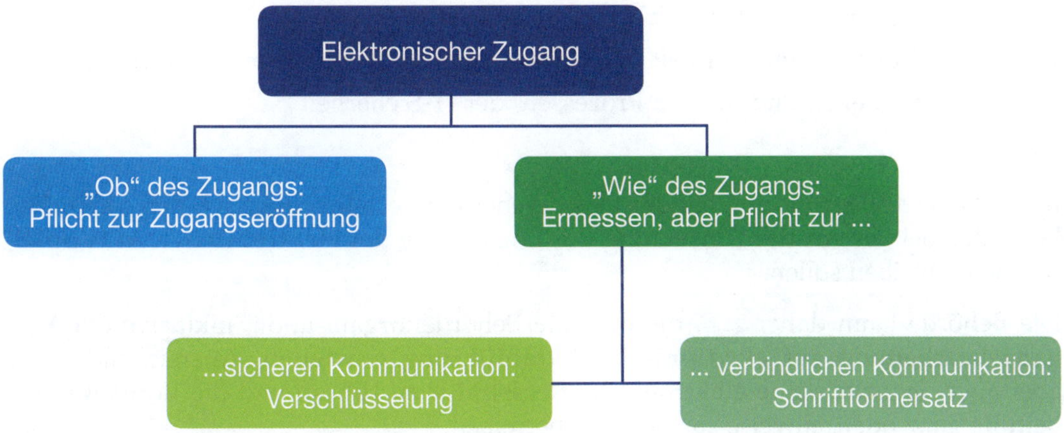

Abb. 11: Schlüsselstellung der elektronischen Aktenführung im „medienbruchfreien" E-Government

1. Welche Behörde muss ihre Akten digital führen? – Zum „Ob" der digitalen Aktenführung

Art. 33 Abs. 1 Satz 1 BayDiG des Gesetzes verpflichtet **alle staatlichen Behörden** grundsätzlich dazu, ihre Akten **elektronisch zu führen.**

Sonstigen Behörden, also insbesondere den Kommunen (einschließlich der Landratsämter) **stellt der Gesetzgeber** dagegen in Art. 19 Abs. 1 Satz 1, Halbsatz 2 **frei, ob sie ihre Akten digital führen.**

Quelle: StMI

Hinweis

Nichtstaatliche Behörden (einschließlich der Landratsämter) müssen gem. Art. 19 Abs. 1 Satz 1 BayDiG ihre Akten zwar nicht elektronisch führen. **Soweit sich aber z. B. eine Gemeinde** oder ein Landratsamt **(freiwillig) zur Einführung der elektronischen Akte** entschließt, **muss sich die Behörde an** die übrigen Vorschriften des **Art. 33 ff.** zu den Standards der elektronischen Aktenführung **halten.** Art. 33 ist daher für alle Behörden in Bayern von Belang, die elektronische Akten führen oder deren Einführung erwägen.

Die (gesetzlich vorgeschriebene oder freiwillige) Einführung der elektronischen Akte stellt die Behörde vor **grundlegende organisatorische Herausforderungen**, die u. a. Fragen der

- Definition von Prozessteilnehmern und Zugriffsrechten,
- der elektronischen Vorgangsbearbeitung und des elektronischen Umlaufs,
- der Digitalisierung von Dokumenten (ersetzendes Scannen),
- der elektronischen Registratur,
- der Langzeitspeicherung,

- der Einbindung von Fachverfahren,
- der Behördenzusammenarbeit und zwischenbehördlichen Kommunikation und
- (auf allen Ebenen und in allen Prozessen) der IT-Sicherheit

aufwerfen.

In der Gesetzesbegründung hat der Gesetzgeber klargestellt, dass auch den staatlichen Behörden bei der **Art der Umsetzung der Einführung der elektronischen Akte Spielräume** verbleiben sollen.

Die Behörde kann daher z. B. die gesamte Behördenorganisation, inklusive der **Vorgangsbearbeitung auf elektronische Aktenführung umstellen**. Ausreichend ist es aber auch, **lediglich eine elektronische Registratur zu führen** und die Vorgangsbearbeitung ganz oder teilweise „analog" zu betreiben.

Hinweis

Die allgemeine Verpflichtung zur E-Aktenführung bezieht sich nur auf die Einführung eines **„Basis-DMS",** das eine elektronische Aktenführung (in Form der Registrierung und/oder Vorgangsbearbeitung) ermöglicht. Die Verpflichtung zur **Digitalisierung aller Fachverfahren** folgt hieraus **nicht**.

2. Nach welchen Standards muss eine Behörde Akten digital führen? – Zum „Wie" der digitalen Aktenführung

Art. 33 BayDiG enthält neben der elektronischen Aktenführungspflicht für staatliche Behörden auch Anforderungen an die **Standards der digitalen Aktenführung**, die **von allen Behörden zu beachten** sind, **wenn und soweit sie Akten elektronisch** führen.

Zu diesen Standards zählen insbesondere

- Pflicht zur Beachtung der **Grundsätze ordnungsgemäßer Aktenführung**, insbesondere der **Manipulationssicherheit** der Akten und zur **Einhaltung des Datenschutzes** (Art. 33 Abs. 1 Satz 2 und 3),
- Regelungen zur **sicheren elektronischen Aktenübermittlung** zwischen Behörden, die Akten elektronisch führen (Art. 33 Abs. 2) sowie
- Regelungen zum **rechtssicheren und beweiswerterhaltenden „ersetzenden Scannen"** (Überführung von Papier in digitale Fassung, Art. 33 Abs. 3).
- Regelungen zur **Barrierefreiheit** bei der digitalen Aktenführung (Art. 33 Abs. 4).

Hinweis

Die Regeln zum „Wie" der E-Akte gelten für **alle Behörden**, die sich – auch freiwillig – zur Einführung der E-Akte entschließen, wie z. B. Kommunen. Zu den Anforderungen im Einzelnen siehe unten Teil F III.

VII. E-Administration II: Informationssicherheitskonzepte

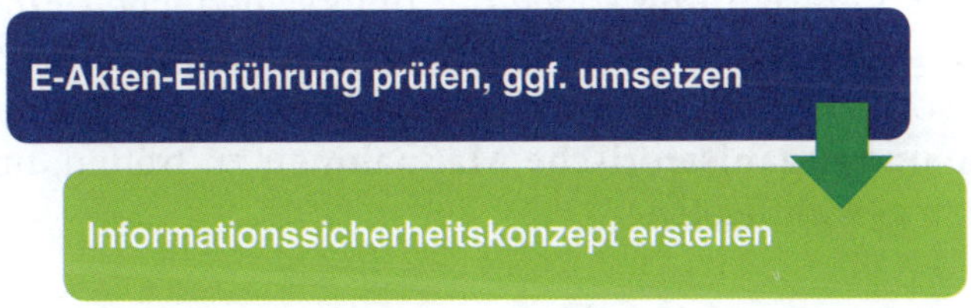

In dem Maße, in dem die Behörden ihre Datenbestände und Kommunikationsprozesse immer umfassender digitalisieren, gewinnt die Gewährleistung von IT-Sicherheit einen immer größeren Stellenwert. Auch Bürger, Unternehmen und Öffentlichkeit erwarten, dass ihre Daten bei der Verwaltung „sicher" sind.

Im Bayerischen E-Government-Gesetz hat IT-Sicherheit daher einen besonderen Stellenwert. Die Regelungen zur IT-Sicherheit in Art. 41–49 setzen einerseits

- auf der **„dezentralen Ebene"**, bei den **Pflichten der einzelnen Behörden** zur **Erstellung von Informationssicherheitskonzepten** (Art. 43) und zum anderen
- auf der **„zentralen Ebene"**, bei der Schaffung eines Rechtsrahmens für ein Landesamt für Sicherheit in der Informationstechnik an, das die **IT-Sicherheit im Bayerischen Behördennetz** gewährleisten soll (Art. 41 und 42, 44 bis 47).

1. Dezentrale Ebene der IT-Sicherheit: Welche Pflichten haben Behörden im Bereich der IT-Sicherheit?

Art. 43 enthält die Regelungen zur effektiven Gewährleistung der Informationssicherheit auf der „dezentralen" Ebene der einzelnen Behörden. Mit Abs. 1 Satz 1 wird die **Gewährleistung von Informationssicherheit** als **öffentliche Aufgabe** festgelegt.

Zur Umsetzung dieser Aufgabe verpflichtet Abs. 1 Satz 2 die Behörden, die Sicherheit ihrer informationstechnischen Systeme

- durch angemessene technisch-organisatorische **Maßnahmen im Sinne von Art. 32 DSGVO und Art. 32 des Bayerischen Datenschutzgesetzes (BayDSG)**
- im Rahmen der **Verhältnismäßigkeit** und die
- hierzu erforderlichen **Informationssicherheitskonzepte**

zu erstellen.

Hinweis

Art. 43 erfasst **alle Behörden i. S. d. Art. 1 BayDiG, also auch die Kommunen** (vgl. Art. 43 Abs. 1 Satz 1).

1.1 Maßnahmen im Sinne von Art. 32 DSGVO

Durch den Verweis auf die DSGVO sind von den Behörden die materiell-rechtlichen Anforderungen des Art. 32 DSGVO an ein **„angemessenes Schutzniveau"** zugrunde zu legen.

Gem. Art. 32 Abs. 1 DSGVO ist das Schutzniveau „unter Berücksichtigung des **Stands der Technik**, der **Implementierungskosten** und der Art, des Umfangs, der Umstände und der **Zwecke der Verarbeitung** sowie der unterschiedlichen **Eintrittswahrscheinlichkeit und Schwere des Risikos** für die Rechte und Freiheiten natürlicher Personen treffen der Verantwortliche und der Auftragsverarbeiter zu bestimmen und es sind **geeignete technische und organisatorische Maßnahmen** zu treffen, um ein angemessenes Schutzniveau zu gewährleisten.

1.2 Maßnahmen im Sinne von Art. 32 Bayerisches Datenschutzgesetz

Die **Verweisung auf das BayDSG** hat zur Folge, dass neben den Vorgaben der DSGVO auch die in Art. 32 BayDSG genannten technisch-organisatorischen Maßnahmen (im Sinne Zugangskontrolle, Speicherkontrolle etc.) unabhängig vom Personenbezug der betroffenen Daten **generell** zum Schutz der Sicherheit informationstechnischer Systeme ergriffen werden müssen.

1.3 Grundsatz der Verhältnismäßigkeit

- Der **Grundsatz der Verhältnismäßigkeit** hat zur Folge, dass die Behörden gerade **nicht zu Maximalstandards** verpflichtet sind. Die Behörde muss lediglich ein „angemessenes Sicherheitsniveau" gewährleisten.
- Die Behörde kann im **Rahmen der Verhältnismäßigkeit insbesondere berücksichtigen:**
  - **Art und Ausmaß des Risikos**
  - **Wahrscheinlichkeit des Risikoeintritts**
  - **Kosten der Risikovermeidung**
  - **Leistungsfähigkeit der jeweiligen Behörde**

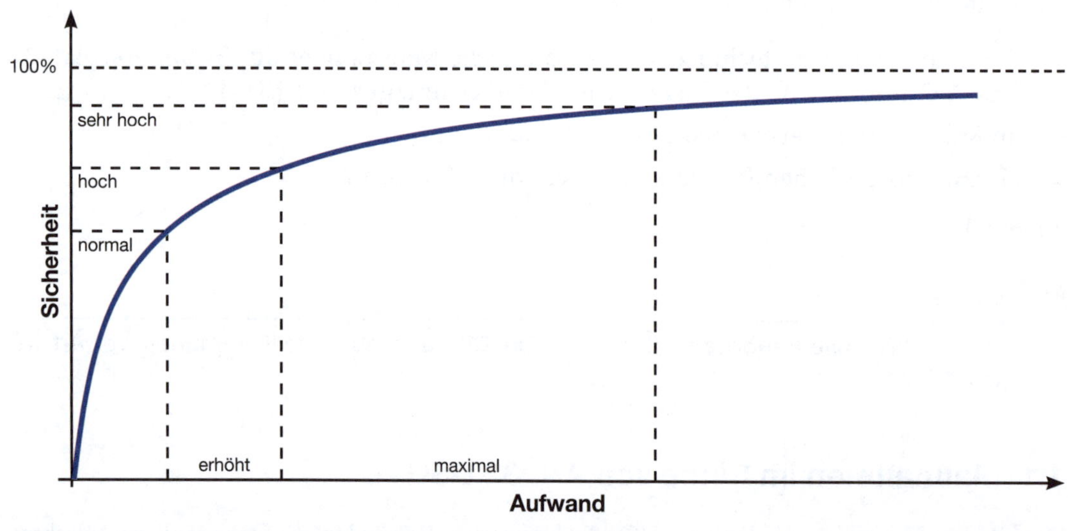

Abb. 12: IT-Sicherheit: Verhältnis von Aufwand und Ertrag
Quelle: Vgl. BSI-Standard 100-2, S. 32

1.4 Anforderungen an Informationssicherheitskonzepte

- Um die Umsetzung der Verpflichtungen zur IT-Sicherheit sicherzustellen, verpflichtet das Gesetz alle Behörden i. S. d. Art. 1 BayDiG ausdrücklich, behördliche - Informationssicherheitskonzepte **zu erstellen**, **anzuwenden** und regelmäßig **fortzuschreiben**.
- Da Informationssicherheitskonzepte nur im Rahmen der Verhältnismäßigkeit (siehe oben) erstellt werden müssen, können die Behörden auf verschiedene Standards und Hilfsmittel zurückgreifen, um ein angemessenes Konzept zu erstellen. Zu den anerkannten Standards der IT-Sicherheit zählen insbesondere
  - BSI-Grundschutz
  - ISO 27001
  - CISI12 (Verfahren für kleinere/mittlere Behörden)
  - VdS 3473

Hinweis

Nähere Informationen und Beratungen zu ISMS erhalten die Behörden in Bayern über das **Landesamt für Sicherheit in der Informationstechnik**:

https://lsi.bayern.de/kommunen/isms/index.html

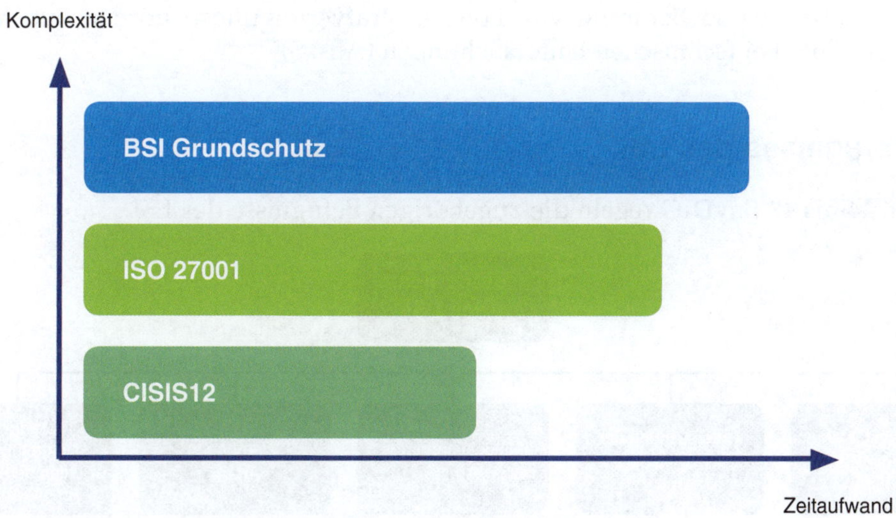

Abb. 13: Aufwand von Informationssicherheitskonzepten

Hinweis

Bei der Erstellung des Informationssicherheitskonzepts sollte auf internen oder externen professionellen Sachverstand zurückgegriffen werden. Der Freistaat unterstützt staatliche Behörden (https://lsi.bayern.de/staatsverwaltung/index.html) ebenso wie Kommunen (https://lsi.bayern.de/kommunen/index.html) mit verschiedenen Maßnahmen über das **Landesamt für Sicherheit in der Informationstechnik**.

2. Zentrale Ebene der IT-Sicherheit: Welche Aufgaben und Befugnisse hat das Landesamt für Sicherheit in der Informationstechnik (LSI)?

Maßnahmen zur Gewährleistung von IT-Sicherheit allein auf Behördenebene reichen angesichts des hohen Grades der Vernetzung der Verwaltungs-IT zur Gewährleistung von Informationssicherheit nicht aus.

Aufgrund des immer weiter gestiegenen Stellenwerts der IT-Sicherheit hat sich der Freistaat im Jahr 2017 entschlossen, zur effektiven Gewährleistung von Informationssicherheit ein eigenes **Landesamt für Sicherheit in der Informationstechnik (LSI)** mit erweiterten Aufgaben und Befugnissen einzurichten (vgl. Art. 41 BayDiG).

2.1 Aufgaben des LSI

Art. 42 BayDiGEGovG regelt als **Aufgaben des LSI** insbesondere die

- **Abwehr von Gefahren** für die Sicherheit in der Informationstechnik im Bayerischen Behördennetz (Abs. 1 und Abs. 4)
- Unterstützung und Beratung von staatlichen und kommunalen Stellen, öffentlichen Unternehmen und Betreibern kritischer Infrastrukturen (Abs. 2)
- Unterstützung und Beratung von Polizei, Strafverfolgungsbehörden und Verfassungsschutz bei technischen Untersuchungen (Abs. 3)

2.2 Befugnisse des LSI

Die **Art. 44 bis 47 BayDiG** regeln die zugehörigen Befugnisse des LSI.

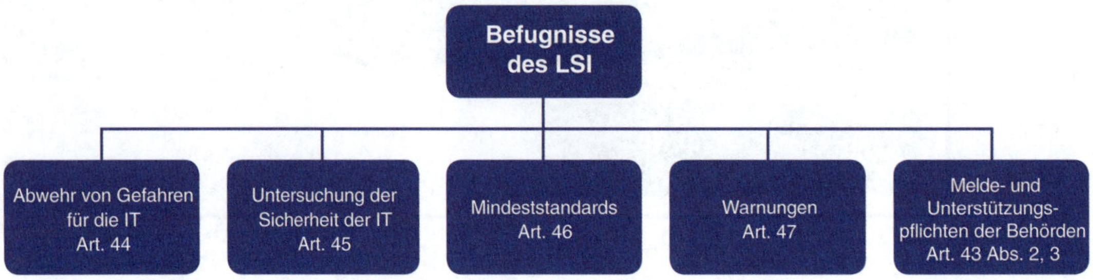

Abb. 14: Befugnisse des LSI

Die Befugnisse des LSI umfassen

- **Befugnisse zur Abwehr von Gefahren**, etwa durch Schadprogramme oder Sicherheitslücken oder unbefugte Datennutzung. Das LSI darf zur Gefahrenabwehr insbesondere Protokolldaten erheben und automatisiert auswerten, die an den Schnittstellen von Behördennetz und anderen Netzen anfallen (**Art. 144 BayDiG**).
- Befugnis zur **Untersuchung der Sicherheit der Informationstechnik im Bayerischen Behördennetz** (nur staatliche Behörden) sowie zur Sicherheit von am Markt angebotenen IT-Produkten (**Art. 45 BayDiG**).

- Befugnis zur Festlegung von **Mindeststandards** in der IT-Sicherheit für staatliche Behörden nach Maßgabe von **Art. 46 BayDiG**.
- Befugnis zu **Warnungen und Empfehlungen** im Falle von Gefahren für die Sicherheit der Informationstechnik nach Maßgabe von **Art. 47 BayDiG**.

Hinweis

Unterstützung des LSI durch die Behörden

Die an das Behördennetz angeschlossenen Stellen melden dem LSI gem. Art. 43 Abs. 2 BayDiG sicherheitsrelevante Vorfälle und unterstützen das LSI gem. Art. 43 Abs. 3 BayDiG bei seinen Aufgaben nach Art. 42 Abs. 1 Nr. 1, 2, 4 und 5, soweit keine gesetzlichen Vorschriften (z. B. Datenschutz) entgegenstehen.

VIII. Grundbausteine und To-do-Liste für das E-Government der Behörden in Bayern

1. Grundbausteine für das E-Government

Die bisherige Darstellung zeigt, dass von der Verwaltung eine ganze Reihe von technischen Voraussetzungen geschaffen werden müssen, um die Verpflichtungen aus dem BayDiG zu erfüllen und Bürgern und Unternehmen E-Government in effektiver Form anzubieten.

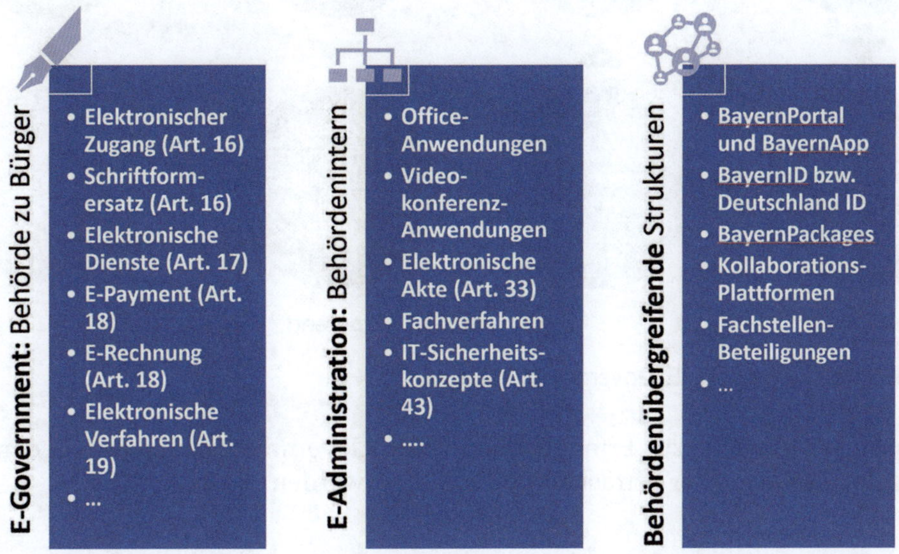

Abb. 15: Notwendige Bausteine zur Ermöglichung von E-Government für Bürger und Unternehmen

Die Behörden müssen

- (unabhängig von konkreten einzelnen Diensten) **Strukturen für die elektronische Kommunikation**, insbesondere
  - die Möglichkeit für eine **sichere, Schriftform ersetzende Kommunikation** und
  - **elektronische Identifizierung** schaffen.

- Darüber hinaus müssen **im Verhältnis zum Bürger/zu den Nutzern**
  - **konkrete Behördendienste** (z. B. Geodaten, Touristeninformationen) und
  - **konkrete Verwaltungsverfahren** (Ummeldung, Kfz-Zulassung) angeboten werden.
- Weiter müssen E-Payment-Angebote für den bargeldlosen Zahlungsverkehr und Dienste zur Entgegennahme von E-Rechnungen bereitgestellt werden.
- Schließlich muss auch die innere Behördenorganisation in Angriff genommen werden. Hierzu zählt
  - die Einführung der elektronischen Akte
  - die Erstellung von Informationssicherheitskonzepten.

2. Timeline: To-do-Liste für die Behörden in Bayern

Aus einer prozessorientierten Perspektive ergibt sich daraus folgende To-do-Liste für die Behörden in Bayern:

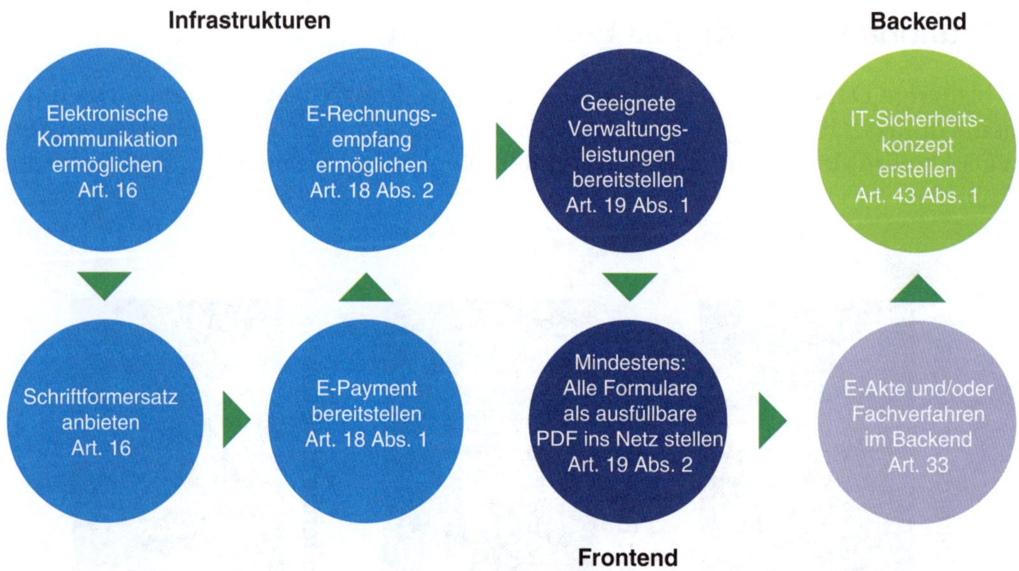

Abb. 16: „Timeline“ für das E-Government in Bayern

Die einzelnen Bausteine zur Ermöglichung von E-Government sollen nun in der Folge im Einzelnen etwas näher betrachtet und erläutert werden.

Teil E
Vom Antrag zum Bescheid

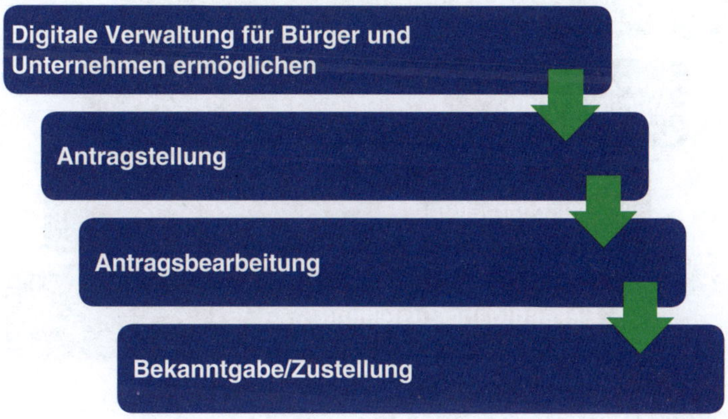

E.1 Digitale Verwaltung für Bürger und Unternehmen ermöglichen

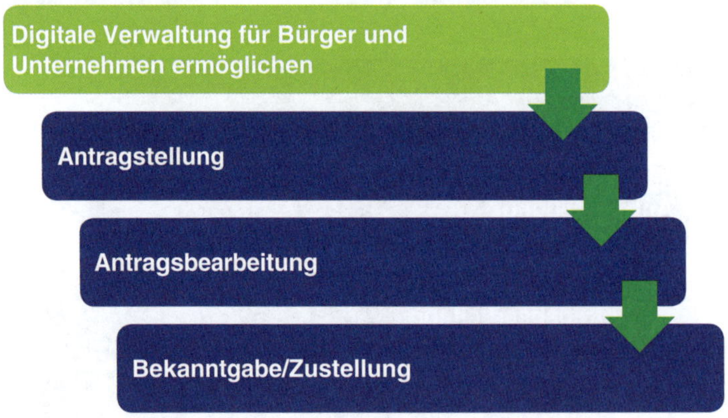

I. Behörde muss digital erreichbar sein

1. Allgemeine Pflichten zur digitalen Erreichbarkeit

Das Bayerische Verwaltungs- und Verfahrensgesetz (BayVwVfG) enthält keine generelle Verpflichtung zur digitalen Erreichbarkeit der Behörden. Nach der zum 1.2.2003 in Kraft getretenen allgemeinen Regelung zur digitalen Zugangsöffnung ist die Übermittlung elektronischer Dokumente zulässig, „soweit" der Empfänger hierfür einen Zugang eröffnet (Art. 3a Abs. 1 BayVwVfG). Diese bewusst flexible Ausgestaltung der Vorschrift ermöglicht den Behörden eine Ermessensausübung sowohl hinsichtlich des „Ob" als auch hinsichtlich des „Wie" der digitalen Erreichbarkeit. Eine rechtliche Verpflichtung zur digitalen Erreichbarkeit wird durch diese Regelung nicht begründet (vgl. LT-Drs. 14/9960, S. 10 f.).

Das **E-Government-Gesetz des Bundes** hat diesen Ermessensspielraum zum 1.7.2014 eingeschränkt. Die Behörden sind seither verpflichtet, einen Zugang für die Übermittlung elektronischer Dokumente zu eröffnen und zwar auch, soweit diese mit einer qualifizierten elektronischen Signatur oder einem qualifizierten elektronischen Siegel versehen sind (§ 2 Abs. 1 EGovG). Diese bundesgesetzliche Verpflichtung zur Zugangsöffnung gilt im Anwendungsbereich des Bayerischen Digitalgesetzes jedoch nur dann, wenn die Behörden **Bundesrecht im Auftrag des Bundes** vollziehen (Art. 1 Abs. 4 BayDiG; vgl. hierzu ergänzend die Erläuterungen zum Bayerischen Digitalgesetz in der Online-Version des Praxishandbuchs, Nr. 5 zu Art. 1).

Art. 16 Satz 1 BayDiG begründet demgegenüber eine **allgemeine Verpflichtung** der Behörden, einen Zugang für die Übermittlung digitaler sowie i. S. d. Art. 3a Abs. 2 und 3 BayVwVfG schriftformersetzender Dokumente zu eröffnen. Die Regelung modifiziert damit Art. 3a Abs. 1 BayVwVfG in Bezug auf die digitale Zugangseröffnung für diejenigen Behörden, die in den Anwendungsbereich des Bayerischen Digitalgesetzes (Art. 1 BayDiG) fallen. Das Entschließungsermessen nach Art. 3a Abs. 1 BayVwVfG wird bei diesen Behörden durch die Verpflichtung zur digitalen Zugangseröffnung aus Art. 16 Satz 1 BayDiG verdrängt. Bei Behörden, die nicht in den Anwendungsbereich des Art. 1 BayDiG fallen, bleibt es dagegen beim Grundsatz der Freiwilligkeit der Zugangseröffnung nach Maßgabe von Art. 3a Abs. 1 BayVwVfG.

Die nachfolgende Übersicht stellt die unterschiedlichen Geltungsbereiche und Reichweiten dieser Regelungen zur digitalen Zugangsöffnung für Behörden gegenüber:

	Vollzug von Bundesrecht (ohne Bundesauftragsverwaltung) und von Landesrecht (Art. 16 Satz 1 BayDiG)	Bundesauftragsverwaltung (§ 2 Abs. 1 EGovG i. V. m. Art. 1 Abs. 4 BayDiG)	„Auffangregelung" Art. 3a Abs. 1 BayVwVfG
Verpflichtung zur digitalen Zugangseröffnung	✓ Es muss ein Zugang für die Übermittlung digitaler sowie schriftformersetzender Dokumente i. S. d. Art. 3a Abs. 2 und 3 BayVwVfG eröffnet werden.	✓ Es muss ein Zugang für die Übermittlung elektronischer Dokumente eröffnet werden, auch soweit sie mit einer qualifizierten elektronischen Signatur oder einem qualifizierten elektronischen Siegel versehen sind.	✗

Die Verpflichtungen zur digitalen Zugangseröffnung aus § 2 Abs. 1 EGovG i. V. m. Art. 1 Abs. 4 BayDiG und Art. 16 Satz 1 BayDiG schließen sich im Ergebnis nicht gegenseitig aus, sondern **ergänzen** sich:

	Landesrecht (einschließlich kommunales Satzungsrecht)	Bundesrecht (ohne Bundesauftragsverwaltung)	Bundesauftragsverwaltung
Art. 16 Satz 1 BayDiG	✓	✓	✗
§ 2 Abs. 1 EGovG i. V. m. Art. 1 Abs. 4 BayDiG	✗	✗	✓

Die Verpflichtungen zur digitalen Zugangseröffnung zielen im Grundsatz darauf ab, dass die Behörden **zusätzlich** zu den bereits etablierten Erreichbarkeiten **auch digital erreichbar** sein müssen. Art. 12 Abs. 1 Satz 3 BayDiG stellt in diesem Zusammenhang ausdrücklich klar, dass die Möglichkeit, Verwaltungsverfahren auch **nichtdigital** zu erledigen, unberührt bleibt. Die (verpflichtende) digitale Erreichbarkeit der Behörde tritt damit neben – und nicht an Stelle – der bereits angebotenen Möglichkeiten der Kontaktaufnahme:

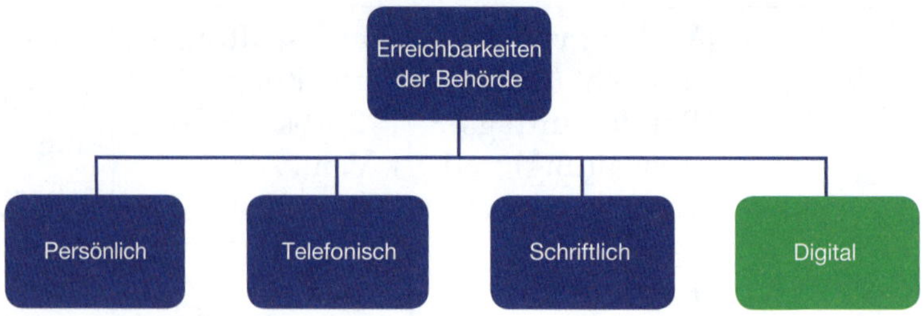

Abb. 1: Erreichbarkeit der Behörden im Überblick

Eine **Ausnahme** von diesem Grundsatz stellen die Regelungen in Art. 20 Abs. 2 und 3 BayDiG für Leistungen dar, die **grundsätzlich ausschließlich digital** angeboten und durchgeführt werden können. Dies betrifft

- Verwaltungsleistungen, die über ein **Organisationskonto** i. S. d. Art. 29 Abs. 2 Satz 2 BayDiG abgewickelt werden (Art. 20 Abs. 2 BayDiG), und
- Verwaltungsdienstleistungen im Bereich der **Personalverwaltung und Personalwirtschaft** gegenüber den Beschäftigten (Art. 20 Abs. 3 BayDiG; vgl. hierzu ergänzend die Erläuterungen in zum Bayerischen Digitalgesetz in der Online-Version des Praxishandbuchs, Nr. 2 und 3 zu Art. 20).

Bei der **Art und Weise** der **digitalen Übermittlungsmöglichkeit** steht den Behörden grundsätzlich ein **Auswahlermessen** zu, soweit nichts anderes bestimmt ist (Art. 16 Satz 4 BayDiG). Eine solche andere Regelung stellt etwa Art. 26 Abs. 2 Satz 1 Nr. 3 BayDiG dar, der bestimmt, dass der digitale Zugang zur Verwaltung nach Art. 16 BayDiG auch über den Portalverbund Bayern (BayernPortal und Organisationsportal Bayern, Art. 26 Abs. 1 Satz 2 BayDiG) eröffnet wird.

Ist ein der Behörde **übermitteltes digitales Dokument** für sie **nicht zur Bearbeitung geeignet**, teilt sie dies dem Absender unter Angabe der für sie geltenden technischen Rahmenbedingungen unverzüglich mit (Art. 3a Abs. 4 Satz 1 BayVwVfG).

2. Verpflichtung, schriftformersetzende Dokumente entgegenzunehmen

Die Behörden müssen nicht nur (formlose) digitale Dokumente entgegennehmen, sondern auch **schriftformersetzende Dokumente** im Sinn des Art. 3a Abs. 2 und 3 BayVwVfG (Art. 16 Satz 1 BayDiG). Diese Verpflichtung deckt sich mit der Zielsetzung, den Bürgern und der Wirtschaft ein **durchgängig medienbruchfreies digitales Verfahren** zu ermöglichen. Ohne digitalen Schriftformersatz müsste bei rechtlich vorgegebenen Schriftformerfordernissen ein von der Behörde digital bereitgestellter Antrag ausgedruckt und eigenhändig unterschrieben an die Behörde übermittelt werden. Dieser Medienbruch soll vermieden werden:

Abb. 2: Medienbruchfreies digitales Verfahren

Nach Art. 3a Abs. 2 und 3 BayVwVfG kann diese Schriftform insbesondere ersetzt werden durch:

- ein elektronisches Dokument, das mit einer **qualifizierten elektronischen Signatur** versehen ist (Art. 3a Abs. 2 Sätze 1 und 2 BayVwVfG);
- unmittelbare Abgabe der Erklärung in einem elektronischen Formular, das von der Behörde in einem Eingabegerät oder über öffentlich zugängliche Netze zur Verfügung gestellt wird; bei einer Eingabe über öffentlich zugängliche Netze muss ein sicherer Identitätsnachweis mittels **Personalausweis** (§ 18 PAuswG), eID-Karte (§ 12 eID-Karte-Gesetz) oder **elektronischem Aufenthaltstitel** (§ 78 Abs. 5 AufenthG) erfolgen (Art. 3a Abs. 3 Nr. 1 BayVwVfG);
- Übermittlung einer von dem Erklärenden elektronisch signierten Erklärung an die Behörde aus einem besonderen elektronischen Anwaltspostfach, einem besonderen elektronischen Behördenpostfach oder einem besonderen elektronischen Bürger- und Organisationenpostfach, Art. 3a Abs. 3 Nr. 2 Buchst. a) bis c) BayVwVfG;
- den Versand eines elektronischen Dokuments mit **absenderbestätigter De-Mail** (Art. 3a Abs. 3 Nr. 2 Buchst. d) BayVwVfG), oder durch
- **sonstige sichere Verfahren**, die durch **Rechtsverordnung der Staatsregierung** festgelegt werden, welche den Datenübermittler (Absender der Daten) authentifizieren und die Integrität des elektronisch übermittelten Datensatzes sowie die Barrierefreiheit gewährleisten (Art. 3a Abs. 3 Nr. 4 BayVwVfG i. V. m. § 1 BayDiV).

Diese Möglichkeiten des digitalen Schriftformersatzes werden durch die Regelungen zum Portalverbund Bayern ergänzt. Hiernach sind die Behörden auch verpflichtet, ein **Nutzerkonto** bereitzustellen, das ergänzend zu den oben genannten Verfahren u. a. auch die Möglichkeit bietet, sich durch

- ein sicheres Verfahren nach § 87a Abs. 6 Satz 1 AO (**ELSTER**) oder
- **Dienste anderer Mitgliedstaaten** zu identifizieren, die nach Maßgabe der Verordnung (EU) 910/2014 auf dem Vertrauensniveau „substanziell" oder „hoch" notifiziert worden sind (Art. 26 Abs. 2 Satz 1 Nr. 9 BayDiG i. V. m. Art. 31 Abs. 2 BayDiG).

Auch diese Verfahren ersetzen im Falle der Identifizierung und Authentifizierung am Nutzerkonto eine durch Rechtsvorschrift angeordnete Schriftform (Art. 31 Abs. 3 BayDiG).

Des Weiteren kann eine durch Rechtsvorschrift angeordnete Schriftform nach Art. 31 Abs. 5 Satz 1 BayDiG ersetzt werden bei

- Übermittlung eines elektronischen Dokuments **aus** einem **besonderen elektronischen Behördenpostfach** oder **aus** einem **elektronischen Gerichts- und Verwaltungspostfach** eines Gerichts oder einer Staatsanwaltschaft (Art. 31 Abs. 5 Satz 1 Nr. 1 BayDiG),

- durch die Verwendung von elektronischen Siegeln i. S. d. Kapitels III Abschnitt 5 der Verordnung (EU) Nr. 910/2014. Dies ist im Anwendungsbereich des Bayerischen Digitalgesetzes sowohl unter Verwendung eines fortgeschrittenen als auch unter Verwendung eines qualifizierten elektronischen Siegels möglich (vgl. hierzu ergänzend Art. 3a Abs. 3 Nr. 3 Buchst. a) BayVwVfG).

Im Übrigen gilt Art. 3a Abs. 3 Nr. 2 BayVwVfG mit der Maßgabe, dass die Schriftform auch ohne eine elektronische Signatur des Erklärenden ersetzt wird (Art. 31 Abs. 5 Satz 2 BayDiG).

3. Sonderregelung für digitale Rechnungen

Für die Entgegennahme digitaler Rechnungen durch Auftraggeber i. S. v. Art. 98 GWB trifft Art. 18 Abs. 2 BayDiG eine Sonderregelung. Der Begriff der digitalen Rechnung wird in Art. 18 Abs. 2 Satz 2 BayDiG legal definiert. Eine Rechnung ist hiernach digital, wenn sie in einem strukturierten digitalen Format ausgestellt, übermittelt und empfangen werden kann, das ihre automatische und digitale Verarbeitung ermöglicht.

Die näheren Voraussetzungen zu dieser Pflicht zum Empfang und zur Verarbeitung digitaler Rechnungen werden in § 8 Abs. 1 BayDiV abschließend geregelt, u. a. muss der Wert des vergebenen öffentlichen Auftrags den Betrag von 1 000 € (ohne Umsatzsteuer) erreichen oder überschreiten. Digitale Rechnungen, die diesen Voraussetzungen nicht genügen (z. B. reine Bilddateien), müssen daher auch nicht nach Art. 16 Satz 1 BayDiG entgegengenommen werden, sondern können unverzüglich zurückgewiesen werden und gelten im Falle der Zurückweisung als nicht zugegangen (§ 8 Abs. 2 BayDiV; hierzu ergänzend die Erläuterungen zum Bayerischen Digitalgesetz in der Online-Version des Praxishandbuchs, Nr. 2 zu Art. 18).

Anders als die Regelungen zur digitalen Zugangseröffnung in Art. 16 Satz 1 BayDiG knüpft Art. 18 Abs. 2 BayDiG **nicht** an den **Behördenbegriff**, sondern an den Begriff des **Auftraggebers** im Sinne von § 98 GWB an. Auftraggeber sind hiernach

- öffentliche Auftraggeber im Sinne des § 99 GWB,
- Sektorenauftraggeber im Sinne des § 100 GWB und
- Konzessionsgeber im Sinne des § 101 GWB.

Auch hinsichtlich der Rechtsnatur des Handelns sind die Regelungen zur digitalen Rechnung weiter gefasst. Während die Pflicht zur Zugangseröffnung nach Art. 16 Satz 1 BayDiG „nur" die öffentliche-rechtliche Verwaltungstätigkeit der Behörden umfasst (vgl. Art. 1 Abs. 2 Satz 1 BayDiG), soll mit Art. 18 Abs. 2 BayDiG auch das fiskalische Handeln erfasst werden.

Die nachfolgende Übersicht stellt die unterschiedliche Reichweite der Verpflichtungen zur digitalen Zugangseröffnung nach Art. 16 Satz 1 BayDiG sowie zum Empfang digitalen Rechnungen zusammenfassend dar:

	Digitale Dokumente (Art. 16 Satz 1 BayDiG)	**Digitale Rechnung (Art. 18 Abs. 2 BayDiG)**
Persönlicher Anwendungsbereich	Behörden	Auftraggeber
Sachlicher Anwendungsbereich	Digitale Dokumente (weites Begriffsverständnis)	Digitale Rechnung i. S. v. Art. 18 Abs. 2 Satz 2 BayDiG
Rechtsnatur des Handelns	öffentlich-rechtliche Verwaltungstätigkeit	auch privatrechtliches Handeln wird erfasst

4. Digitale Zugangseröffnung

Die digitale Zugangseröffnung als solche erfordert, dass

- die technischen und organisatorischen Voraussetzungen für den Zugang vorliegen (objektive Komponente) und
- die Behörde darüber hinaus ihren Willen zum Ausdruck bringt, diesen Zugang zu eröffnen (subjektive Komponente).

Neben den technischen Voraussetzungen für den zu eröffnenden Zugangskanal müssen auch die erforderlichen **organisatorischen Voraussetzungen** geschaffen werden. Insbesondere muss sichergestellt sein, dass die **Eingänge** über den eröffneten Zugangskanal **regelmäßig abgefragt** werden.

Zusätzlich zu den technischen und organisatorischen Voraussetzungen muss der **behördliche Wille** hinzukommen, den elektronischen Zugang durch eine entsprechende Widmung zu eröffnen (subjektive Komponente). Die Behörde muss also ihre Bereitschaft zum Ausdruck bringen, digitale und schriftformersetzende Dokumente entgegenzunehmen. Der behördliche Wille zur Zugangseröffnung kann durch eine **ausdrückliche Erklärung** oder **konkludent** erfolgen.

In der Praxis geschieht dies beispielsweise dadurch, dass die Behörden im allgemeinen Schriftverkehr, auf der eigenen Internetseite und über den Portalverbund Bayern (BayernPortal und Organisationsportal Bayern) auf die digitalen Zugangswege hinweisen.

Darüber hinaus kann es sich empfehlen, in öffentlich zugänglicher Weise die **technischen Rahmenbedingungen** der Zugangseröffnung festzulegen. Insbesondere kann die Behörde den Zugang auf Dateitypen (z. B. Office-Dateien, PDF-Dateien) beschränken, die sie weiter bearbeiten kann (vgl. Art. 3a Abs. 4 Satz 1 BayVwVfG).

II. Verschlüsselte Kommunikation

Das Bayerische Digitalgesetz verpflichtet die Behörden zudem dazu, geeignete **sichere Verfahren für die Kommunikation** mit dem Nutzer bereitzustellen (Art. 16 Satz 3 BayDiG). Dies gilt sowohl für die Kommunikation des Nutzers (Bürger, Unternehmen, Organisationen etc.) mit der Behörde (sog. Hinkanal) als auch für die Kommunikation der Behörde mit dem Nutzer (sog. Rückkanal). Verpflichtungen nach Datenschutzrecht oder sonstigen vorrangig anzuwendenden Rechtsvorschriften bleiben hiervon unberührt. So wird für den Hinkanal bei digitalen Kontaktformularen auf der behördlichen Internetseite eine sichere Verschlüsselung bereits datenschutzrechtlich als „unumgänglich" angesehen, wenn mit diesen personenbezogene Daten übertragen werden [Der Bayerische Landesbeauftragte für den Datenschutz (Hrsg.), 26. Tätigkeitsbericht für den Berichtszeitraum 2013/2014, S. 49 f.].

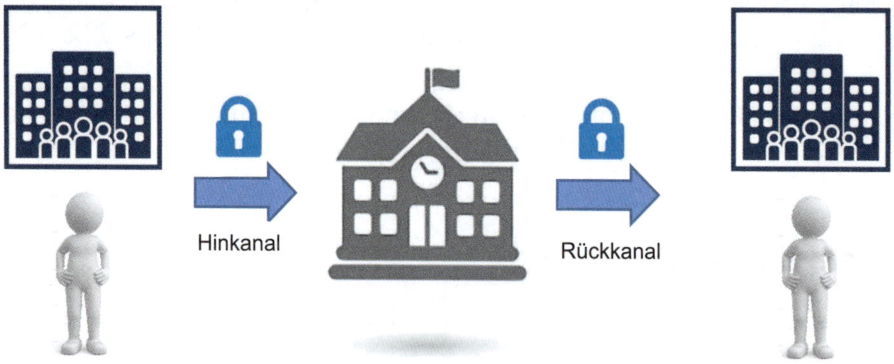

Abb. 3: Verschlüsselte Kommunikation

Die Verpflichtung der Behörden, geeignete sichere Verfahren für die Kommunikation mit dem Nutzer bereitzustellen, dient dazu, eine grundsätzlich medienbruchfreie digitale Kommunikation zu ermöglichen. Behörden und Nutzer sollen grundsätzlich auch personenbezogene Daten oder sonstige vertrauliche Informationen digital übermitteln können und hierfür nicht auf den Papierweg angewiesen sein.

Art. 16 Satz 3 BayDiG schreibt dabei kein bestimmtes „sicheres Verfahren" für die Kommunikation vor. Entsprechend der o.g. Zielsetzung der Vorschrift (grundsätzliche Möglichkeit zur digitalen Übermittlung von personenbezogenen Daten oder sonstigen vertraulichen Informationen) sind „sichere Verfahren" nur dann „geeignet" im Sinne von Art. 16 Satz 3 BayDiG, wenn sie diesen Anforderungen genügen. Diese „Eignung" ist kein statischer Zustand, den man einmal erreicht hat und der dann für immer gegeben ist. Sie ist vielmehr ein Prozess, der immer wieder Korrekturen in den bereitgestellten Verfahren erfordern wird (z. B. Behebung bekannt gewordener Schwachstellen bzgl. der eingesetzten Verschlüsselungsalgorithmen), vgl. hierzu auch Der Bayerische Landesbeauftragte für den Datenschutz (Hrsg.), 26. Tätigkeitsbericht für den Berichtszeitraum 2013/2014, S. 48 ff.

Die Wahl des sicheren Verfahrens liegt grundsätzlich im Organisationsermessen der jeweils zuständigen Behörde (Art. 16 Satz 4 BayDiG). Insbesondere hat der Nutzer keinen Anspruch darauf, dass ihm die Behörde ein bestimmtes (Verschlüsselungs-)Verfahren bereitstellt.

Für die sichere Kommunikation des Nutzers mit der Behörde über ein E-Government-Portal bzw. über den Portalverbund Bayern (vgl. Art. 26 Abs. 2 Satz 1 Nr. 3 BayDiG) kommen insbesondere Kontaktformulare in Betracht, die über eine verschlüsselte Internetverbindung bereitgestellt werden (**Hinkanal**). Der Freistaat Bayern stellt staatlichen Behörden und Kommunen hierfür ein „sicheres Kontaktformular" bereit, das die gesetzlichen Anforderungen erfüllt:

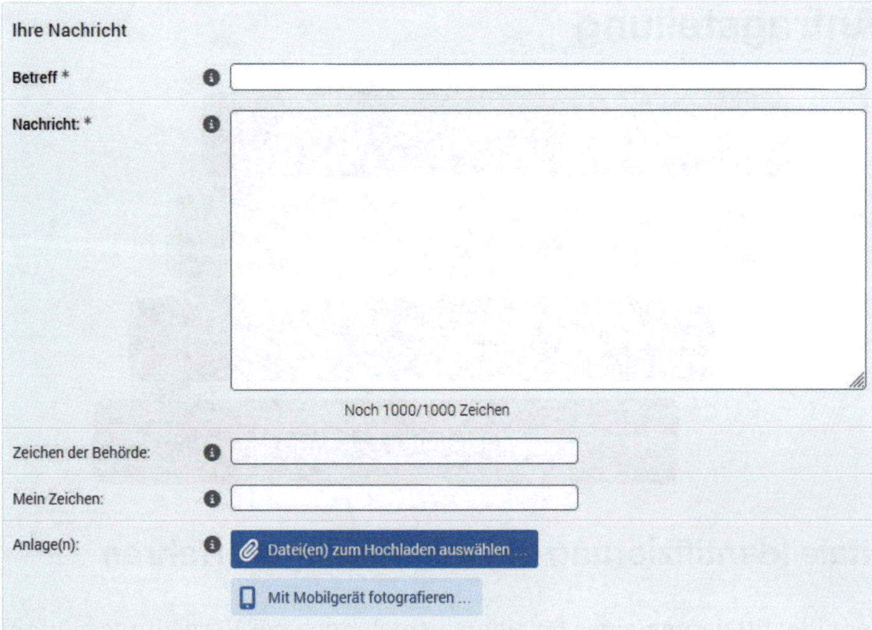

Für die verschlüsselte Kommunikation der Behörde mit dem Nutzer **(Rückkanal)** dient insbesondere der **Postfach-Dienst des Nutzerkontos:**

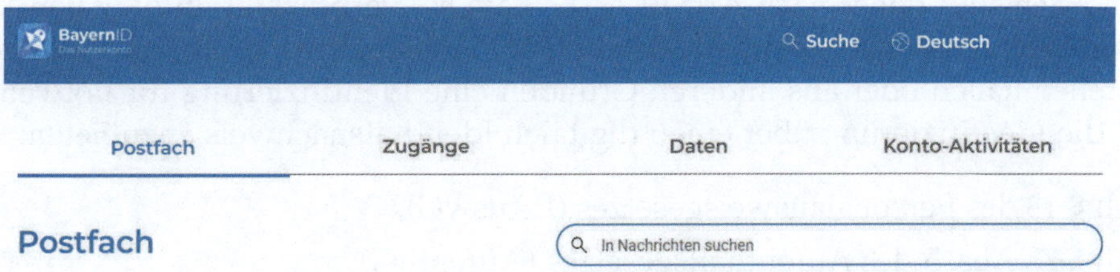

Nach Art. 16 Satz 3 BayDiG muss der Nutzer die **Möglichkeit** haben, insbesondere personenbezogene Daten oder sonstige vertrauliche Informationen an die Behörde verschlüsselt zu übermitteln bzw. von dieser verschlüsselt zu empfangen. Er ist jedoch grundsätzlich nicht verpflichtet, diese Möglichkeiten der verschlüsselten Kommunikation auch tatsächlich in Anspruch zu nehmen. So steht es dem Bürger in Ausübung seines Rechts auf informationelle Selbstbestimmung frei, das Angebot auf verschlüsselte Kommunikation nicht zu nutzen und stattdessen auf die „normale" E-Mail-Kommunikation zurückzugreifen. Auch ist die Übermittlung digitaler Dokumente durch die Behörden grundsätzlich nur zulässig, soweit und solange der Empfänger hierfür einen Zugang eröffnet (Art. 16 Satz 2 BayDiG). Die **behördliche Verpflichtung** beschränkt sich auf das **Bereitstellen** geeigneter sicherer Verfahren für die digitale Kommunikation mit dem Nutzer. Damit die sichere Kommunikation in der Praxis funktioniert, muss der **Nutzer** aktiv **mitwirken**. Eine **Ausnahme** gilt z. B. dann, wenn Verwaltungsleistungen, die über ein **Organisationskonto** abgewickelt werden, ausschließlich digital angeboten werden (Art. 20 Abs. 2 BayDiG).

E.2 Antragstellung

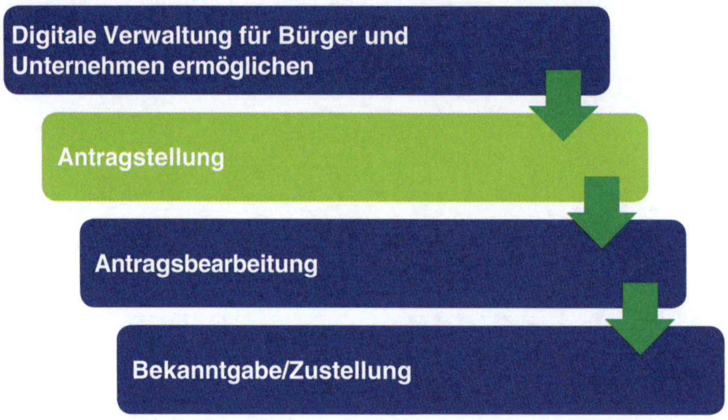

I. Digitale Identifizierung bei Verwaltungsverfahren

Die sichere Identifizierung eines Beteiligten spielt auch bei Verwaltungsverfahren eine Rolle, die digital (z. B. über den Portalverbund Bayern) durchgeführt werden sollen. Selbst wenn sich Behördenmitarbeiter und Bürger nicht persönlich gegenüberstehen, muss die Behörde wissen, mit wem sie es zu tun hat bzw. wer einen Antrag stellt.

Die Behörden sind daher nach Art. 19 Abs 3 BayDiG verpflichtet, in digitalen Verwaltungsverfahren, in denen sie die Identität einer Person aufgrund einer Rechtsvorschrift festzustellen haben oder aus anderen Gründen eine Identifizierung für notwendig erachten, die Identifizierung über einen digitalen Identitätsnachweis anzubieten:

- nach § 18 des Personalausweisgesetzes (PAuswG),
- nach § 78 Abs. 5 des Aufenthaltsgesetzes (AufenthG),
- nach § 12 des eID-Karte-Gesetzes (eIDKG) oder
- durch ein anderes sicheres Verfahren, das gesetzlich oder durch Rechtsverordnung der Staatsregierung als allgemeines Identifizierungs- oder Authentifizierungsmittel oder zum Ersatz der Schriftform zugelassen ist.

Ein „anderes sicheres Verfahren" in diesem Sinne stellt insbesondere das ELSTER-Verfahren dar (§ 3 Abs. 4 Nr. 1 Buchst. a) OZG, Art. 31 Abs. 2 Satz 1 Nr. 2, Abs. 3 Satz 1 BayDiG).

In einigen verwaltungsrechtlichen Vorschriften wird das **persönliche Erscheinen** des Bürgers angeordnet. Dies kann unterschiedliche Gründe haben. Einerseits soll dies (lediglich) der sicheren Identifizierung des Erschienenen dienen, andererseits können mit der Anordnung des persönlichen Erscheinens auch weitere, über die Identifikation hinausgehende Zwecke verfolgt werden, beispielsweise die Gewinnung eines persönlichen Eindrucks oder das Führen eines persönlichen Beratungsgesprächs. Diese Zwecke gehen über die (bloße) sichere Identifizierung hinaus und scheiden damit als Anwendungsfälle für die digitale Identifizierung i. S. v. Art. 19 Abs. 3 BayDiG aus.

Die Verpflichtung aus Art. 19 Abs. 3 BayDiG wird durch die Bereitstellung entsprechender Nutzerkonten über den Portalverbund Bayern umgesetzt (Art. 26 Abs. 2 Satz 1 Nr. 9 BayDiG), die eine digitale Identifizierung über die genannten Identitätsnachweise ermöglichen (Art. 31 Abs. 2 BayDiG). Die konkrete Umsetzung erfolgt beim BayernPortal grundsätzlich durch die Anbindung digitaler Verwaltungsverfahren an die BayernID, die entsprechende Identifizierungsmöglichkeiten bereitstellt:

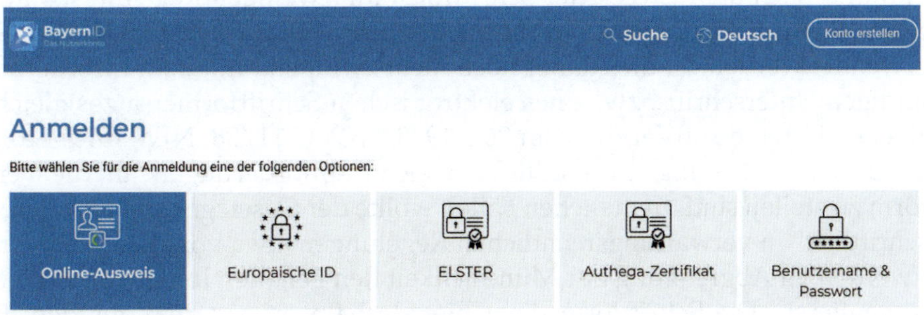

Die sogenannten EfA-Dienste sind nicht verpflichtend an das bayerische Bürgerkonto anzubinden, wenn eine Anbindung an das Nutzerkonto des Bundes besteht, vgl. Bekanntmachung des Bayerischen Staatsministerium für Digitales zur Anbindung des zentralen Bürgerkontos an Verwaltungsleistungen (ABVBek) vom 12.12.2024 (BayMBl. 2025 Nr. 7).

II. Schriftformersatz

Im Rahmen dieses Kapitels werden zunächst der Anwendungsbereich sowie die Notwendigkeit eines digitalen Schriftformersatzes aufgezeigt und anschließend ausgewählte schriftformersetzende Verfahren näher erläutert.

Zum allgemeinen Anwendungsbereich der im Verwaltungs- und Verfahrensrecht geregelten Verfahren des digitalen Schriftformersatzes ist zunächst festzustellen, dass das Bayerische Verwaltungsverfahrensgesetz nur für die öffentlich-rechtliche Verwaltungstätigkeit gilt (vgl. Art. 1 Abs. 1 BayVwVfG). **Privatrechtliche Schriftformerfordernisse** werden hiervon nicht erfasst.

Mit den Verfahren des digitalen Schriftformersatzes können die durch Rechtsvorschrift angeordneten Schriftformerfordernisse digital ersetzt werden. So können Schriftformerfordernisse bei digitalen Anträgen beispielsweise ersetzt werden durch

- die Übermittlung eines elektronischen Dokuments, das mit einer **qualifizierten elektronischen Signatur** versehen ist (Art. 3a Abs. 2 Sätze 1 und 2 BayVwVfG),
- unmittelbare Abgabe der Erklärung in einem elektronischen Formular, das von der Behörde über das Internet zur Verfügung gestellt wird in Verbindung mit einem sicheren Identitätsnachweis mittels des **Personalausweises** (Art. 3a Abs. 3 Nr. 1 BayVwVfG) oder
- durch das **ELSTER-Verfahren** im Falle der Identifizierung und Authentifizierung am Nutzerkonto (Art. 31 Abs. 3 Satz 1 BayDiG).

Die Schriftform muss darüber **durch Rechtsvorschrift angeordnet** sein. Allein die Tatsache, dass ein aufgrund einer Rechtsvorschrift zwingend zu verwendendes Formular ein Unterschriftsfeld vorsieht, begründet noch kein Schriftformerfordernis (Art. 19 Abs. 2 Satz 3 BayDiG). Anders als im Zivilrecht (§ 126 BGB) ist im Verwaltungsrecht die

Schriftform nicht gesetzlich definiert. Dieser Umstand trägt den Besonderheiten des Verwaltungsverfahrens Rechnung. Das hat zur Folge, dass anders als bei § 126 Abs. 1 BGB die Anordnung der Schriftform nicht immer eine Unterschrift erfordert, sondern nur, wenn dies nach dem Zweck der Schriftform im jeweiligen Regelungskontext notwendig ist. Wenn in einer Rechtsvorschrift Begriffe wie „Schriftstück" oder „schriftlich" verwendet werden, ist dies daher noch nicht zwingend mit dem Erfordernis einer eigenhändigen Unterschrift bzw. eines elektronischen Schriftformersatzes gleichzusetzen (vgl. etwa Urteil des BVerwG vom 26.5.1978, Az.4 C 11/78, NJW 1979, 120). Es ist vielmehr durch Auslegung zu ermitteln, welche Anforderungen an die verlangte Schriftform zu stellen sind. In manchen Fällen wollte der Gesetzgeber mit der Formulierung „schriftlich" in verwaltungsrechtlichen Regelungen etwa vor allem dem Anliegen gerecht werden, in Abgrenzung zur Mündlichkeit den genauen Inhalt von Erklärungen zu dokumentieren. Die Schriftform dient hier deshalb primär dem aus dem Rechtsstaatsprinzip resultierenden Erfordernis der ordnungsgemäßen Aktenführung. Zur Erfüllung dieses behördlichen Dokumentationsinteresses kommt es daher vorwiegend auf die Verkörperung der Erklärung in archivierbarer Form an. Solche Schriftformerfordernisse verlangen daher häufig nicht die eigenhändige Unterzeichnung einer Erklärung.

Liegt ein „echtes" Schriftformerfordernis vor, muss weiter geprüft werden, ob die **Anwendung der Vorschriften zum digitalen Schriftformersatz** durch eine Rechtsvorschrift **ausgeschlossen** ist. Ein elektronischer Schriftformersatz nach Art. 3a BayVwVfG ist beispielsweise nicht möglich bei Enteignungsverfahren (Art. 23 Satz 2 BayEG).

Die verschiedenen schriftformersetzenden Verfahren unterscheiden sich auch hinsichtlich ihrer Einsatzmöglichkeiten. Während die qualifizierte elektronische Signatur einen Schriftformersatz für Formulare ermöglicht, die als Datei (z. B. im PDF-Format) heruntergeladen und weiter ausgefüllt werden können, kommen die Online-Ausweisfunktion des Personalausweises sowie das ELSTER-Verfahren bei Online-Formularen mit „Direktausfüllung" zum Einsatz (unmittelbare Eingabe der Formulardaten über den Browser):

	Online-Formulare mit „Direktausfüllung"	Formulare zum Herunterladen (z. B. PDF-Formulare)
Qualifizierte elektronische Signatur		✓
Online-Ausweisfunktion des Personalausweises	✓	
ELSTER-Verfahren	✓	

III. Digitale Anträge

Art. 19 Abs. 1 Satz 1 BayDiG verpflichtet die Behörden dazu, geeignete Verwaltungsleistungen zur Erfüllung von staatlichen Aufgaben sowie von Aufgaben im übertragenen Wirkungskreis auch digital anzubieten. In Angelegenheiten des eigenen Wirkungskreises „sollen" Gemeindeverbände und Gemeinden geeignete Verwaltungsleistungen auch digital anbieten (Art. 19 Abs. 1 Satz 2 BayDiG). Dadurch sollen die digitalen Antragsmöglichkeiten ausgebaut werden. Die Vorschrift zielt dabei auf die Bereitstellung von Online-Anträgen ab, die über den Portalverbund Bayern mittels Nutzerkonten abgewickelt werden (u. a. Art. 26 Abs. 2 Satz 1 Nr. 6, Art. 29 Abs. 4 BayDiG). Der Antragsteller muss bei diesen Online-Anträgen die Möglichkeit haben, vor der Abgabe die gesamte Erklärung auf Vollständigkeit und Richtigkeit zu prüfen. Nach der Abgabe muss dem Antragsteller eine Kopie des Antrags zur Verfügung gestellt werden (Art. 3a Abs. 5 BayVwVfG).

Ergänzend hierzu verpflichtet Art. 19 Abs. 2 Satz 1 BayDiG die Behörden dazu, Formulare als Teil eines digitalen Verwaltungsverfahrens über das Internet in digital ausfüllbarer Form und zur sicheren Datenübermittlung bereitzustellen. In Abgrenzung zur digitalen Bereitstellung von Verwaltungsleistungen (Art. 19 Abs. 1 BayDiG) definiert die Regelung eine Mindestanforderung an digitale Antragsformulare, für die nicht die weitergehenden Anforderungen an eine digitale Verwaltungsleistung nach Abs. 1 gelten (z. B. Anbindung an die Nutzerkonten nach Art. 29 Abs. 4 BayDiG). Konsequenterweise gilt die Verpflichtung aus Art. 19 Abs. 2 Satz 1 BayDiG nicht, soweit die Verwaltungsleistung nach Art. 19 Abs. 1 BayDiG vollständig digital angeboten wird und damit über die Mindestanforderung hinausgeht (Art. 19 Abs. 2 Satz 2 BayDiG). Durch die Ausnahmeregelung soll verhindert werden, dass die Behörden ein und denselben Antrag mehrfach digital anbieten müssen, einmal als digital ausfüllbares Formular (nach Art. 19 Abs. 2 Satz 1 BayDiG) und einmal als digitale Verwaltungsleistung (nach Art. 19 Abs. 1 BayDiG). Vgl. die Erläuterungen zum Bayerischen Digitalgesetz in der Online-Version des Praxishandbuchs, Nr. 1 und 2 zu Art. 19.

Die nachfolgende Übersicht stellt das Verhältnis der beiden Vorschriften schematisch dar:

	Online-Anträge (Art. 19 Abs. 1 BayDiG)	Formulare (Art. 19 Abs. 2 BayDiG, z. B. PDF-Formulare)
Digital ausfüllbar	✓	✓
Anbindung an Nutzerkonto	✓	✗

IV. Digitale Nachweise

Nachweise können **grundsätzlich digital** eingereicht werden, soweit durch Rechtsvorschrift nichts anderes bestimmt ist. Für bestimmte Verfahren oder im Einzelfall kann die Behörde jedoch auch die Vorlage eines Originals oder amtlich beglaubigter Kopien verlangen (Art. 23 Abs. 1 BayDiG).

Abb. 4: Digitale Nachweise

Um das Einreichen von Nachweisen für die Verfahrensbeteiligten zu vereinfachen, sehen Art. 23 Abs. 2–5 BayDiG zudem die Möglichkeit vor, dass die Nachweise nicht eingereicht werden müssen, sondern von den zuständigen Behörden digital abgerufen werden können (vgl. hierzu die entsprechenden Erläuterungen zum Bayerischen Digitalgesetz in der Online-Version des Praxishandbuchs zu Art. 23).

V. Digitales Bezahlen (E-Payment)

1. Allgemeines

Art. 18 Abs. 1 BayDiG enthält Regelungen zur **digitalen Zahlungsabwicklung** mit dem Ziel, auch insoweit ein durchgängig digitales Verwaltungsverfahren zu ermöglichen. Zahlungspflichtige sollen die Behörde nicht persönlich aufsuchen müssen, um eine Geldforderung zu begleichen (z. B. durch Bareinzahlung an der Kasse). Die Vorschriften begründen daher ein **Recht**, Gebühren und sonstige Forderungen öffentlicher Kassen unbar zu begleichen (Art. 12 Abs. 1 Satz 1 i. V. m. Art. 18 Abs. 1 BayDiG).

Der Begriff der Geldansprüche ist dabei weit zu verstehen und umfasst sowohl

- öffentlich-rechtliche Forderungen (z. B. Gebühren, Steuern, steuerliche Nebenleistungen, Beiträge, Geldstrafen oder Geldbußen) als auch
- privat-rechtliche Forderungen (etwa aus dem Verkauf von Büchern, Rad-/Wanderkarten etc.).

Hinweis:

Art. 18 Abs. 1 BayDiG erfasst alle Geldansprüche öffentlicher Kassen und zwar unabhängig davon, ob diese ihren Rechtsgrund in einer öffentlich-rechtlichen Verwaltungstätigkeit der Behörde finden oder rein privatrechtlicher Natur sind.

Die unbare Zahlungsmöglichkeit besteht jedoch nur, solange **kein sofortiges** anderweitiges **Vollstreckungsinteresse** besteht. Hierdurch soll sichergestellt werden, dass bei einem besonderen öffentlichen Interesse an einem Barinkasso (z. B. bei polizeilichen Straßenkontrollen) ausnahmsweise kein Anspruch auf digitales Bezahlen besteht.

2. Umsetzung in der Praxis

2.1 Digitale Zahlungsabwicklung

Für die digitale Zahlungsabwicklung müssen die Behörden

- eine Möglichkeit anbieten, damit Geldansprüche grundsätzlich unbar beglichen werden können (Art. 18 Abs. 1 Satz 1 BayDiG) und
- hierfür integrierte digitale Zahlungsmöglichkeiten anbieten, soweit dies wirtschaftlich und zweckmäßig ist (Art. 18 Abs. 1 Satz 2 BayDiG).

Im **einfachsten Fall** kann die Behörde eine unbare Zahlungsmöglichkeit bereits dadurch anbieten, dass sie dem Zahlungspflichtigen eine Bankverbindung zur digitalen Zahlungsabwicklung (z. B. mittels **Online-Banking**) mitteilt. Sofern sich das Verwaltungsverfahren in geeigneter Weise, also technisch und wirtschaftlich sinnvoll mit einem integrierten E-Payment-System verknüpfen lässt, ist regelmäßig eine solche digitale Zahlungsmöglichkeit anzubieten. Dies ist insbesondere dann der Fall, wenn Verwaltungsvorgänge vollständig über ein im Internet bereitgestelltes Verfahren abgewickelt werden und die Anbindung an ein E-Payment-System eine effektivere Zahlungsabwicklung ermöglicht (vgl. die Erläuterungen zum Bayerischen Digitalgesetz in der Online-Version des Praxishandbuchs, Nr. 1 zu Art. 18).

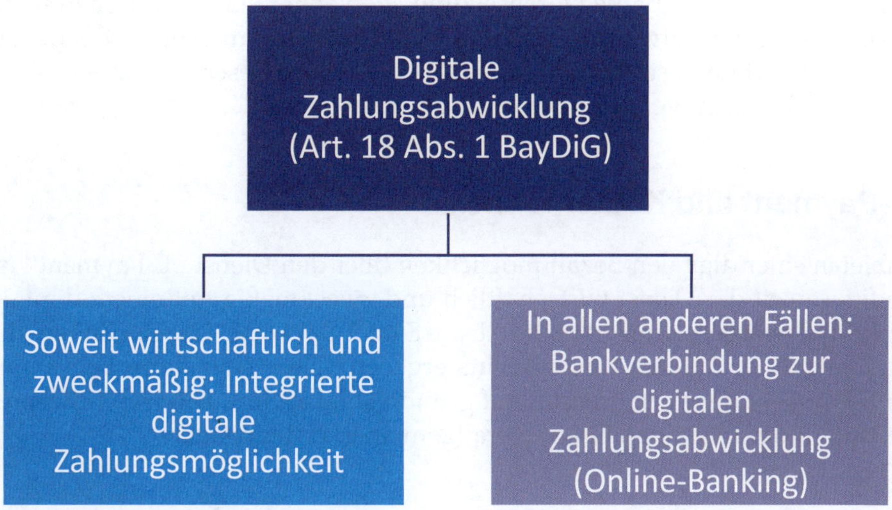

Abb. 5: Digitale Zahlungsabwicklung

Diese Anforderungen an eine integrierte digitale Zahlungsmöglichkeiten i. S. v. Art. 18 Abs. 1 Satz 2 BayDiG werden vom Dienst „E-Payment" erfüllt, den der Freistaat Bayern staatlichen Behörden und Kommunen zur Verfügung stellt. Der Dienst beruht auf der Zahlungsverkehrsplattform „ePayBL" (E-Payment Bund-Länder) und unterstützt u. a. die Zahlungsverfahren SEPA-Lastschrift und Kreditkarte. Neben dem Dienst „E-Payment" ist ein Zahlungsverkehrsprovider („E-Payment-Provider") erforderlich, der die elektronischen Bezahlvorgänge über die Banken bzw. Kreditkartenanbieter abwickelt. Das Zusammenspiel zwischen diesen Komponenten lässt sich grafisch wie folgt darstellen (*Denkhaus/Geiger*, Bayerisches E-Government-Gesetz, 2016, Art. 5 Rn. 9 f.):

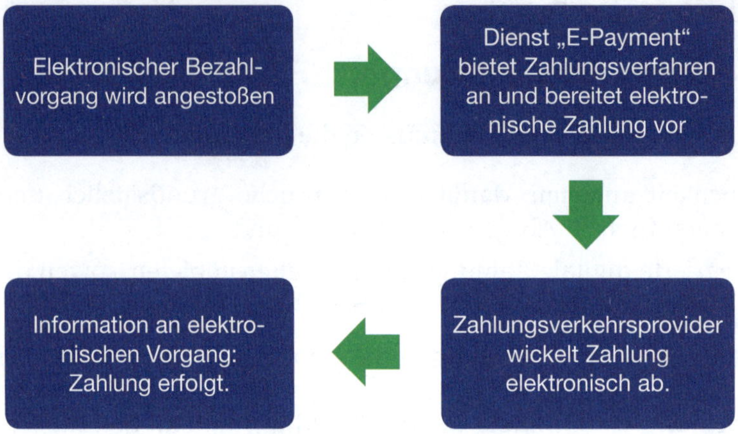

Abb. 6: Elektronischer Bezahlvorgang über den Dienst „E-Payment"

Quelle: Denkhaus/Geiger, Bayerisches E-Government-Gesetz, 2016, Art. 5 Rn. 9.

Auch in den Fällen, in denen die Behörden dazu verpflichtet sind, eine integrierte digitale Zahlungsmöglichkeit (E-Payment-System) anzubieten, müssen dem Zahlungspflichtigen nicht alle denkbaren digitalen Bezahlverfahren angeboten werden. Die Behörden sind insbesondere nicht verpflichtet, Zahlungsverfahren ohne Zahlungsgarantie anzubieten. So kann z. B. die Durchsetzung „geplatzter" Lastschriften mit einem erheblichen Verwaltungsaufwand verbunden sein. Die im Rahmen des E-Payments angebotenen Bezahlverfahren sollten daher im elektronischen Geschäftsverkehr üblich und hinreichend sicher sein (vgl. § 4 Abs. 1 EGovG des Bundes).

2.2 E-Payment und Kostenrecht

Das Anbieten einer digitalen Bezahlmöglichkeit über den Dienst „E-Payment" ist dann notwendig, soweit der Dienst wirtschaftlich und zweckmäßig mit einem digitalen Antrag verknüpft werden kann (Art. 18 Abs. 1 Satz 2 BayDiG). Dabei können sich Einschränkungen aufgrund des **Kostenrechts** ergeben. Diese sind darin begründet, dass sich bei E-Payment der Verfahrensablauf grundlegend ändert. Die wesentlichen Unterschiede sind in der folgenden Grafik verallgemeinernd dargestellt:

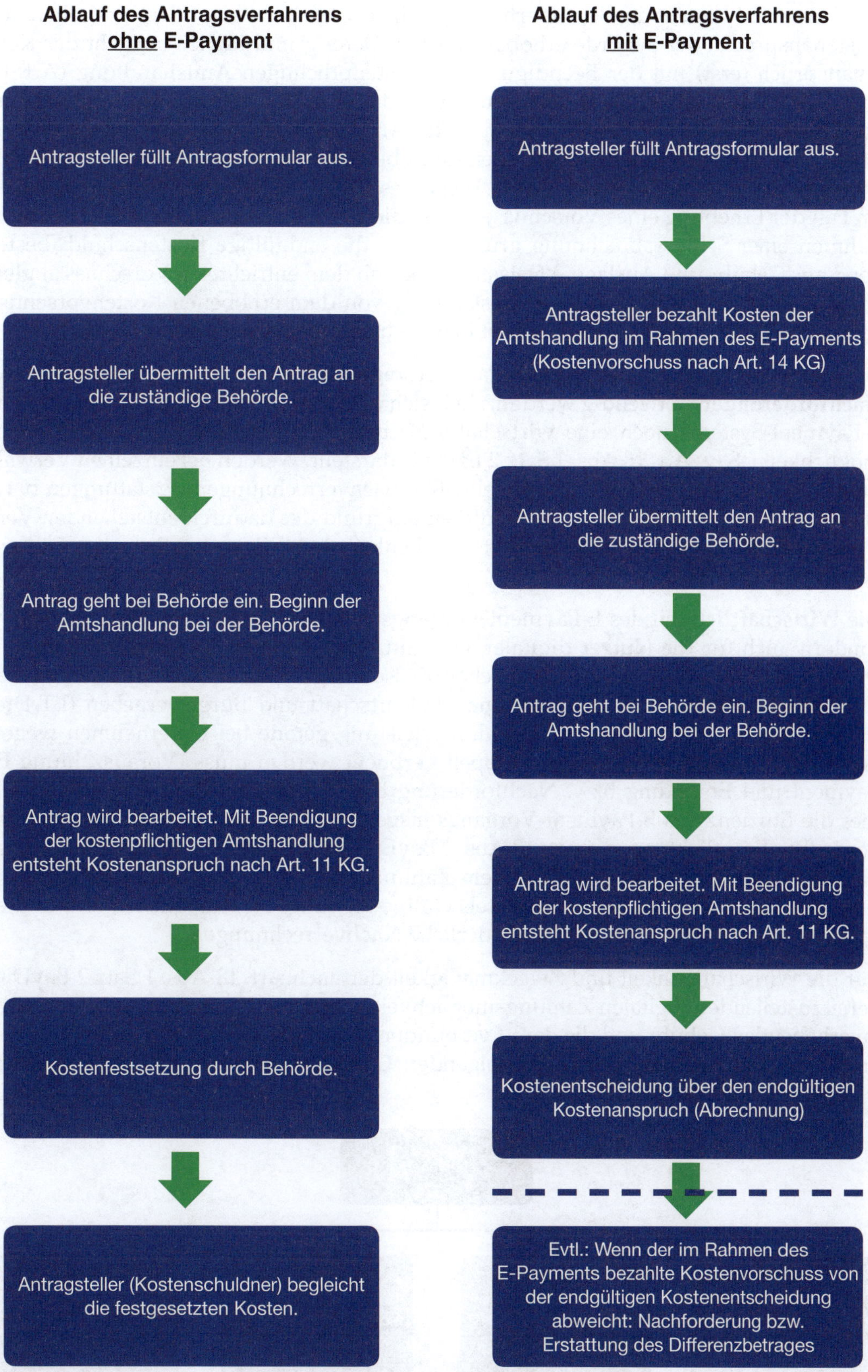

Abb. 7: Ablauf des Antragsverfahren mit und ohne E-Payment im Vergleich

Bei E-Payment besteht die Besonderheit, dass die Kosten bereits vor dem Entstehen des Kostenanspruchs der Behörde erhoben werden. Denn grundsätzlich entsteht der Kostenanspruch (erst) mit der Beendigung der kostenpflichtigen Amtshandlung (Art. 11 Satz 1 KG). Im Rahmen des **E-Payments** wird damit kostenrechtlich ein sog. **Kostenvorschuss** erhoben, der dem Grunde nach im Art. 14 KG geregelt ist. Es gibt auch keinen wesentlichen Unterschied zwischen den üblichen Verwaltungsverfahren und solchen, bei denen eine Kostenschuld im Wege des E-Payments beglichen werden muss. Im Fall der Erhebung eines Vorschusses muss die Behörde (so auch bei E-Payment) im Rahmen einer Schlussabrechnung grundsätzlich die endgültige Kostenschuld (bestehend aus Gebühr und Auslagen) festsetzen und mit dem entrichteten Vorschuss abgleichen. Weicht die endgültige Kostenfestsetzung von dem erhobenen Kostenvorschuss ab, müssen überzahlte Beträge erstattet bzw. Fehlbeträge nachgefordert werden.

Gerade in den Fällen, in denen bei E-Payment **regelmäßig Erstattungszahlungen** bzw. **Nachforderungen** notwendig werden, stellt sich die Frage, ob der Einsatz eines solchen E-Payment-Systems noch eine wirtschaftliche und zweckmäßige digitale Zahlungsmöglichkeit i. S. v. Art. 18 Abs. 1 Satz 2 BayDiG darstellt. Werden bei einzelnen Verwaltungsverfahren vorhersehbar und regelmäßig Nachverrechnungen (Erstattungen bzw. Nachforderungen) notwendig, ist bei diesen aufgrund des dadurch entstehenden Verwaltungsaufwands jedenfalls die Wirtschaftlichkeit des E-Payment-Prozesses infrage gestellt.

Die **Wirtschaftlichkeit** des E-Payment-Vorgangs ist allerdings nicht nur für Behörden, sondern auch für die Nutzer digitaler Verwaltungsleistungen (Bürger, Unternehmen etc.) relevant. Nach der gesetzgeberischen Zielsetzung sollen sich aus der „Erleichterung des E-Payment" Effizienzgewinne für Wirtschaft und Bürger ergeben (LT-Drs. 18/19572, S. 5). Wenn dieselbe Verwaltungsleistung gerade bei Unternehmen wegen notwendiger Nachverrechnungen doppelt verbucht werden muss (Vorauszahlung E-Payment und Erstattung bzw. Nachforderung bei Schlussabrechnung) mindert auch dies die Effizienz des E-Payment-Vorgangs insgesamt. Dies auch deshalb, weil die Behörde ihre Verpflichtung aus Art. 18 Abs. 1 BayDiG auch durch die Bereitstellung einer Bankverbindung erfüllen kann, um dem Zahlungspflichtigen so die digitale Abwicklung des Zahlungsvorgangs (z. B. mittels Online-Banking) zu ermöglichen und in diesem Fall ohne Vorkasse und ggf. erforderliche Nachverrechnungen.

Für die Wirtschaftlichkeit und Zweckmäßigkeit der nach Art. 18 Abs. 1 Satz 2 BayDiG bereitzustellenden digitalen Zahlungsmöglichkeit kommt es daher auch auf die Art der zu erhebenden Gebühr und die damit verbundene Häufigkeit von Nachverrechnungen an. Dabei kann generell zwischen folgenden Gebührenarten unterschieden werden (vgl. Art. 5 Abs. 1 Satz 2 KG).

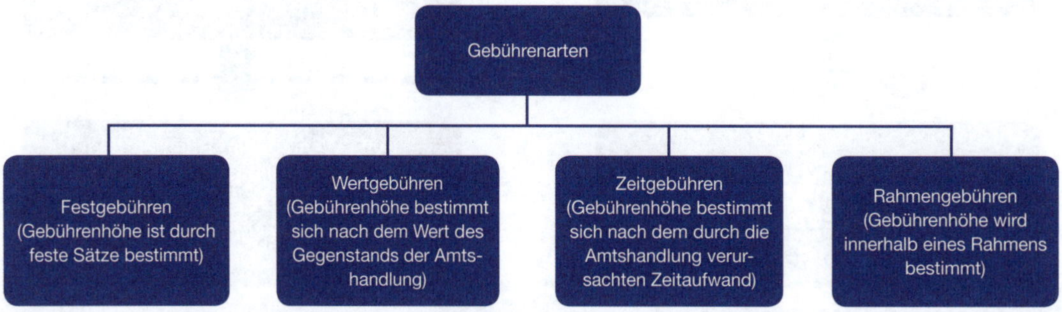

Abb. 8: Gebührenarten im Überblick

Sofern es sich bei den Gebühren, die zunächst im Wege der Vorschusserhebung eingezogen werden, um **Festgebühren** handelt, deckt sich der Vorschuss regelmäßig mit den nach Beendigung der Amtshandlung entstehenden endgültigen Kosten (ggf. zusätzlich Auslagen), sodass eine weitere Abrechnung in der Regel unterbleiben kann.

Bei **Rahmengebühren** stößt die Vorschusserhebung auf das Problem, dass die Gebühr nicht nur bei Erlass des Kostenverzeichnisses (Art. 5 Abs. 2 KG bzw. bei kommunalen Kostensatzungen Art. 20 Abs. 1 und Abs. 3 i. V. m. Art. 5 Abs. 2 KG) den Verwaltungsaufwand und die Bedeutung der Angelegenheit abbilden muss, sondern das Ermessen gem. Art. 6 Abs. 2 KG auch im Einzelfall noch ausgeübt werden muss. Dies bedeutet, dass für die Ermittlung der Gebührenhöhe innerhalb des vorgegebenen Rahmens der mit der Amtshandlung verbundene Verwaltungsaufwand aller beteiligten Behörden und Stellen sowie die Bedeutung der Angelegenheit für die Beteiligten zu berücksichtigen ist (Art. 6 Abs. 2 Satz 1 KG). Die abschließende Gebührenermittlung ist daher oftmals erst nach Abschluss der Amtshandlung möglich. Weicht die im Rahmen des E-Payments als Kostenvorschuss erhobene Gebühr von der nach Abschluss der Amtshandlung ermittelten Gebührenhöhe ab, sind daher Nachverrechnungen (Erstattungen bzw. Nachforderungen) notwendig. Entsprechendes gilt auch für **Wertgebühren** und **Zeitgebühren**. Auch in diesen Fällen ist in der Regel eine Kostenfestsetzung durch den zuständigen Sachbearbeiter notwendig bzw. lässt sich die endgültige Gebührenhöhe häufig erst nach Abschluss der Amtshandlung ermitteln.

Die Behörden dürften in diesen Fällen nur dann zum Anbieten eines E-Payment-Systems verpflichtet sein, wenn sich **Fallgruppen** bilden lassen, die immer mit derselben Gebührenhöhe belegt werden können, sodass (jedenfalls in der weit überwiegenden Anzahl an Fällen) keine Nachverrechnungen notwendig werden. Entsprechendes gilt für die nach Art. 10 KG zu erhebenden Auslagen. Den Behörden bleibt es jedoch in diesen Fällen unbenommen, E-Payment freiwillig anzubieten.

E.3 Antragsbearbeitung

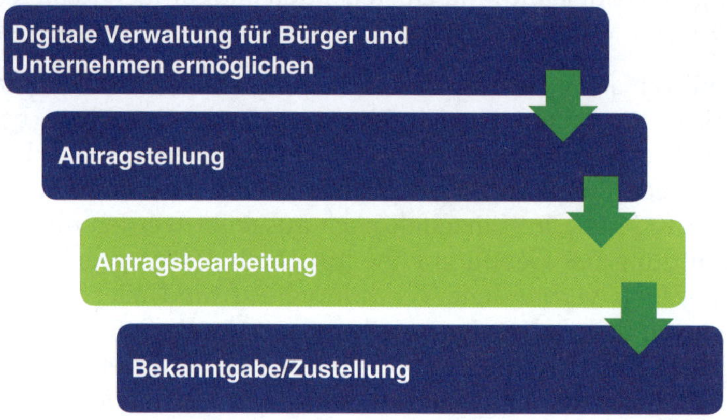

1. Allgemeines

Ziel der digitalen Aktenführung ist es, eine grundsätzlich vollständige digitale Aktenführung zu ermöglichen und damit die Voraussetzungen für ein medienbruchfreies, d. h. durchgängig digitales Arbeiten der Behörden zu schaffen:

Abb. 9: Durchgängig digitales Verwaltungsverfahren im Überblick

Die digitale Aktenführung wird in Art. 33 BayDiG geregelt. Die Vorschrift regelt insbesondere,

- welche Behörden grundsätzlich zur digitalen Aktenführung verpflichtet sind,
- welche Anforderungen bei digitaler Aktenführung zu beachten sind,
- was bei der Übermittlung digitaler Akten zu berücksichtigen ist sowie
- die Anforderungen an das ersetzende Scannen von Papierdokumenten.

Art. 33 Abs. 1 Satz 1 BayDiG ist für die **staatlichen Behörden** (mit Ausnahme der staatlichen Landratsämter, hierzu sogleich unten) als **„Soll-Vorschrift"** ausgestaltet. Die Regelung verpflichtet die staatlichen Behörden dazu, ihre Akten digital zu führen. Ausnahmen aus **wichtigem Grund** oder in **atypischen Fällen** sind jedoch möglich.

Landratsämter (auch als Staatsbehörde) und **Kommunen** entscheiden über die Einführung der digitalen Aktenführung nach eigenem **Ermessen** (Art. 33 Abs. 1 Satz 1 BayDiG). Die **Ausnahme** für die **Landratsämter** folgt aus deren Charakter als Doppelbehörde als Kreis- und Staatsbehörde (Art. 37 Abs. 1 LKrO). Da dem Gesetzgeber eine Einführung der digitalen Akte nur für das Landratsamt als Staatsbehörde als nicht praxistauglich erschien, wurde das Landratsamt als Doppelbehörde von der Soll-Verpflichtung insgesamt ausgenommen (vgl. die Erläuterungen zum Bayerischen Digitalgesetz in der Online-Version des Praxishandbuchs, Nr. 1 zu Art. 33).

Der Gesetzgeber setzt gleichwohl **Impulse,** um die **digitale Aktenführung** auch bei Landratsämtern und Kommunen zu befördern. Denn aufgrund des BayDiG hat jeder das Recht, nach Maßgabe der Art. 16 bis 18 digital über das Internet mit den Behörden zu kommunizieren und ihre Dienste in Anspruch zu nehmen. Er kann zudem verlangen, dass Verwaltungsverfahren nach Maßgabe des Art. 19 BayDiG ihm gegenüber digital durchgeführt werden (Art. 12 Abs. 1 BayDiG). Diesen subjektiven Rechten stehen damit korrespondierende Behördenpflichten gegenüber, z. B. die Verpflichtung zur Eröffnung eines elektronischen Zugangs (Art. 16 Satz 1 BayDiG) oder zum Anbieten geeigneter digitaler Verwaltungsleistungen (Art. 19 Abs. 1 BayDiG). Je stärker die Nutzer von ihren digitalen Zugangs- und Verfahrensrechten Gebrauch machen, desto unwirtschaftlicher wird die papiergebundene Aktenführung, die in diesen Fällen stets mit einem Medienbruch (Druckkosten etc.) verbunden ist. Auch vom Gebot der digitalen Übermittlung von Akten, Vorgängen und Dokumenten bei (eigener) digitaler Aktenführungen (Art. 33 Abs. 2 BayDiG) gehen entsprechende Impulse aus.

Für die **digitale Führung von Personalakten** gelten die Art. 104 ff. BayBG.

2. Anforderungen an die digitale Aktenführung

Während Art. 33 Abs. 1 Satz 1 BayDiG regelt, welche Behörden grundsätzlich zur digitalen Aktenführung verpflichtet sind („ob“), konkretisieren die Sätze 2 und 3 das „Wie“ der digitalen Aktenführung und legen hierfür **gemeinsame Anforderungen** fest. Wenn sich eine Behörde dafür entscheidet, ihre Akten im Anwendungsbereich des BayDiG digital zu führen, dann gelten damit für alle Behörden grundsätzlich dieselben Anforderungen:

- Die Grundsätze ordnungsgemäßer Aktenführung sind zu wahren (Satz 2).
- Die verarbeiteten Daten sind vor Informationsverlust sowie unberechtigten Zugriffen und Veränderungen zu schützen (Satz 3).

Entsprechend dieses „Wenn-Dann-Prinzips“ muss **behördenintern** klar **festgelegt** sein, ab welchem Zeitpunkt, in welchem Umfang und in welchen Organisationseinheiten die Akten digital geführt werden und ob diese auch die „führende“ Akte ist. Werden die Akten digital geführt, sind (wie bei papiergebundener Aktenführung auch) die **Grundsätze ordnungsgemäßer Aktenführung** zu wahren (Art. 33 Abs. 1 Satz 2 BayDiG). Aus diesen Grundsätzen folgt insbesondere das

- Gebot der Aktenmäßigkeit, d. h., die Behörden sind verpflichtet, Akten zu führen;
- Gebot der Vollständigkeit und Nachvollziehbarkeit, d. h., alle wesentlichen Verfahrenshandlungen sind vollständig und nachvollziehbar abzubilden;
- Gebot wahrheitsgetreuer Aktenführung, d. h., alle wesentlichen Verfahrenshandlungen sind wahrheitsgemäß aktenkundig zu machen;
- Gebot der Aktenauthentizität und -integrität, d. h., Aktenteile dürfen nicht nachträglich entfernt oder verfälscht werden;
- Gebot der Aktenverfügbarkeit/-beständigkeit, d. h., der Aktenbestand muss für die Dauer der Aufbewahrungsfrist gesichert sein.

Darüber hinaus muss die **Verkehrsfähigkeit der digitalen Akten** sichergestellt sein und dass die Inhalte in vertretbarer Zeit verfügbar sind und lesbar gemacht werden können. Die Grundsätze beziehen sich nicht nur auf die Erledigung der **Sachaufgaben** (einschließlich der transparenten Dokumentation von Entscheidungsabläufen), sondern auch auf die handelnden Personen **(personale Verantwortlichkeit).** Aus den jeweiligen Verwaltungsvorgängen muss – in dem Umfang, in dem dies bei sachgerechter Aktenführung auch in der Papierakte dokumentiert wird – ersichtlich sein, welches Mitglied der Verwaltung zu welchem Zeitpunkt welchen Informationsstand hatte/haben konnte und in welchem Umfang am Verwaltungshandeln mitgewirkt hat (hierzu ausführlich: Denkhaus/Geiger, Bayerisches E-Government-Gesetz, Art. 7 Rn. 15 ff. m. w. N.).

Neben der Wahrung der Grundsätze ordnungsgemäßer Aktenführung müssen die gespeicherten Daten vor **Informationsverlust** sowie **unberechtigten Zugriffen** und **Veränderungen geschützt** werden (Art. 33 Abs. 1 Satz 3 BayDiG). Diese Anforderungen überschneiden sich teilweise mit den Grundsätzen ordnungsgemäßer Aktenführung. So fordert etwa das Gebot der Aktenauthentizität und -integrität, dass Akteninhalte nicht nachträglich verfälscht werden dürfen und es ergibt sich aus dem Gebot der Aktenverfügbarkeit-/beständigkeit die Notwendigkeit, den Aktenbestand für die Dauer der Aufbewahrungsfrist zu sichern und damit vor Informationsverlust zu schützen. Zum Schutz der in den digitalen Akten gespeicherten Daten vor unberechtigten Zugriffen ist insbesondere ein **Rechtemanagement** erforderlich, das sicherstellt, dass die Behördenmitarbeiter nur auf den Aktenbestand zugreifen dürfen, den sie zur Erfüllung der ihnen zugewiesenen Aufgaben benötigen. Die Sicherheit der zur digitalen Aktenführung eingesetzten informationstechnischen Systeme muss überdies im Rahmen von Art. 43 Abs. 1 BayDiG sowie nach den datenschutzrechtlichen Vorschriften sichergestellt sein.

Die dargestellten Vorgaben für die digitale Aktenführung begründen zugleich **zentrale Anforderungen** an die zur elektronischen Aktenführung eingesetzten **Dokumentenmanagement- bzw. Vorgangsbearbeitungssysteme** und gelten für die gesamte **Lebensdauer** der elektronischen Akte:

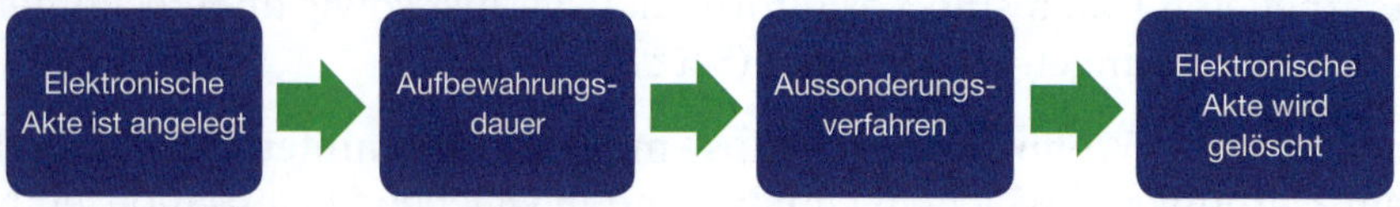

Abb. 10: Lebensdauer der elektonischen Akte

Quelle: Denkhaus/Geiger, Bayerisches E-Government-Gesetz, Art. 7 Rn. 25.

3. Übermitteln digitaler Akten

Nutzt eine Behörde die digitale Aktenführung, soll sie Akten, Vorgänge und Dokumente gegenüber anderen Behörden unter Einhaltung der datenschutzrechtlichen Bestimmungen digital übermitteln (Art. 33 Abs. 2 BayDiG). Für dieses **Gebot der digitalen Übermittlung** („soll") kommt es (nur) darauf an, dass die **absendende Behörde** ihre Akten digital führt. Es kommt nicht darauf an, ob auch die Behörde, für die die Akten bestimmt sind, bereits auf die digitale Aktenführung umgestellt hat. Neben einer medienbruchfreien digitalen Aktenübermittlung zielt die Vorschrift auch darauf ab, bei den Behörden Impulse für eine weitere Digitalisierung der Akten zu setzen. In diesem Zusammenhang ist daher auch relevant, dass staatliche Behörden (mit Ausnahme der staatlichen Landratsämter) grundsätzlich zur digitalen Aktenführung verpflichtet sind (Art. 33 Abs. 1 Satz 1 BayDiG). Die nachfolgende Grafik stellt die Regelung nochmals im Überblick dar:

Abb. 11: Übermittlung digitaler Akten

Quelle: Geiger, Einheitsaktenplan für die bayerischen Gemeinden und Landratsämter mit Verzeichnis der Aufbewahrungsfristen, Teil C 1.3.

Bei der Übermittlung müssen die **datenschutzrechtlichen Bestimmungen** eingehalten werden. Dies gilt sowohl hinsichtlich der Zulässigkeit der Aktenübermittlung (z. B. nach Art. 5 Abs. 1 Satz 1 Nr. 1 BayDSG) als auch in Bezug auf die Anforderungen an die Vertraulichkeit und Integrität der übermittelten Daten. Zur Aktenübermittlung per E-Mail kann z. B. auf die Zertifikate der **Bayerischen Verwaltungs-PKI** zurückgegriffen werden, die sowohl eine Ende-zu-Ende-Verschlüsselung als auch eine digitale Signatur ermöglichen.

Zum **ersetzenden Scannen** und zur **digitalen Akteneinsicht** wird auf die Erläuterungen zum Bayerischen Digitalgesetz in der Online-Version des Praxishandbuchs, Nr. 3 zu Art. 33 sowie zu Art. 34 verwiesen.

E.4 Digitale Bekanntgabe und Zustellung

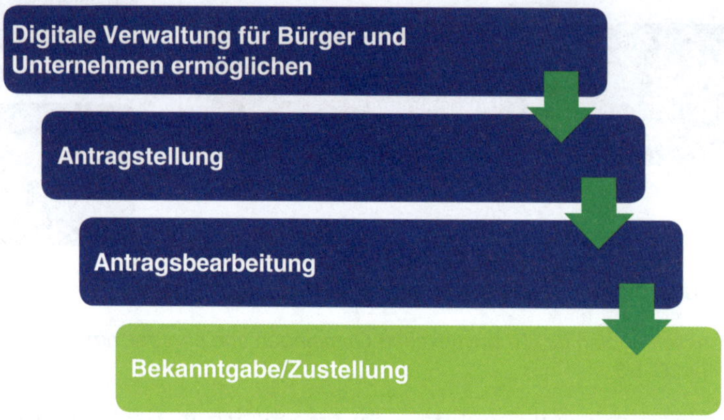

I. Digitale Bekanntgabe im Überblick

Die digitale Bekanntgabe von Verwaltungsakten **über Portale** ist in Art. 24 BayDiG geregelt. Dabei sind folgende Anforderungen zu berücksichtigen:

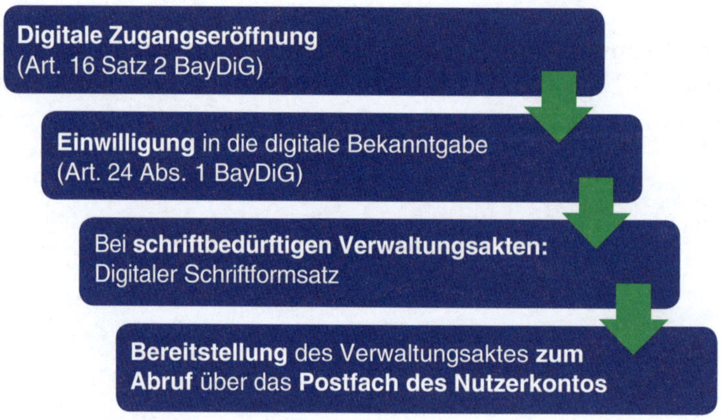

II. Digitale Zugangseröffnung

Während die Behörden dazu verpflichtet sind, auch digital erreichbar zu sein (Art. 16 Satz 1 BayDiG), und zwar sowohl für digitale als auch für schriftformersetzende Dokumente, gilt dies für die Empfänger nicht. Behörden dürfen digitale Dokumente nur übermitteln, soweit und solange der Empfänger hierfür einen Zugang eröffnet hat (Art. 16 Satz 2 BayDiG):

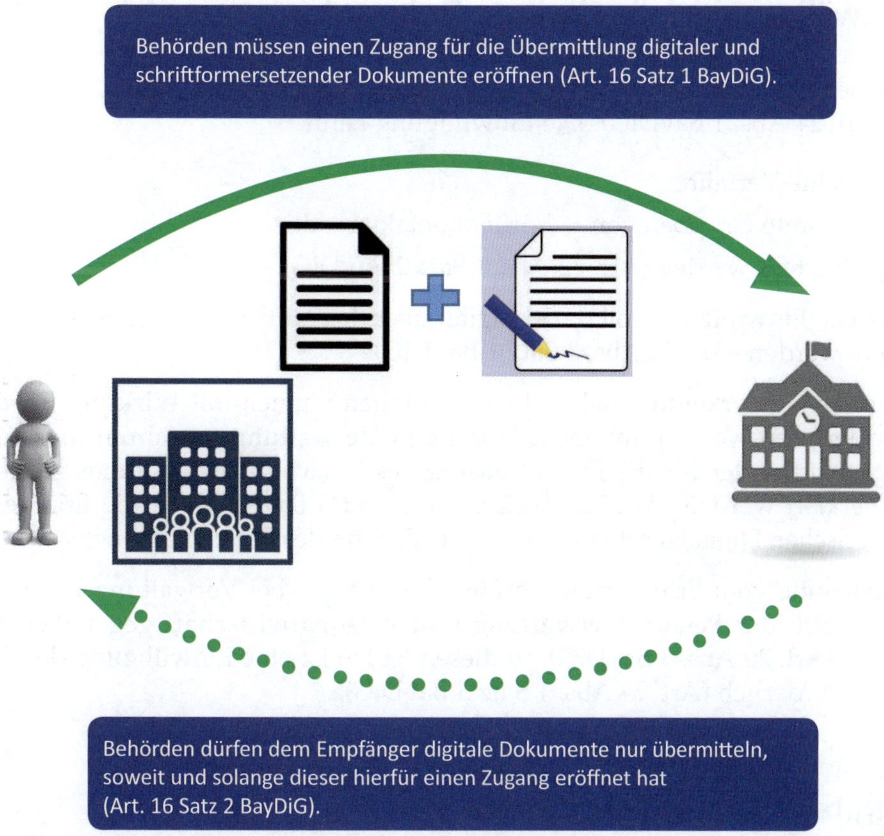

Abb. 12: Digitale Zugangseröffnung für den Hin- und Rückkanal

Art. 16 Satz 2 BayDiG stellt damit für den Rückkanal von der Behörde zum Empfänger klar, dass insoweit weiterhin der **Grundsatz der Zugangseröffnungsfreiheit** gilt. Die Vorschrift sichert die Dispositionshoheit des Empfängers hinsichtlich der Zugangseröffnung im Rückkanal ausdrücklich ab („soweit"). Die Norm stellt weiter klar („solange"), dass der Rückkanal auch zeitlich befristet geöffnet bzw. wieder geschlossen werden kann.

Eine **Ausnahme** von diesem Grundsatz der Zugangseröffnungsfreiheit ist möglich bei

- Verwaltungsleistungen, die ausschließlich digital über ein **Organisationskonto** im Sinne des Art. 29 Abs. 2 Satz 2 BayDiG abgewickelt werden (Art. 20 Abs. 2 BayDiG), und
- Verwaltungsdienstleistungen im Bereich der **Personalverwaltung und Personalwirtschaft** gegenüber den Beschäftigten (Art. 20 Abs. 3 BayDiG; vgl. hierzu ergänzend die Erläuterungen zum Bayerischen Digitalgesetz in der Online-Version des Praxishandbuchs, Nr. 2 und 3 zu Art. 20).

Bei der digitalen Bekanntgabe über Portale wird der Verwaltungsakt über das **Postfach des Nutzerkontos** zum Abruf bereitgestellt (Art. 24 Abs. 1, Art. 29 Abs. 1 Satz 3 BayDiG). Dies setzt voraus, dass der Empfänger diesen Zugang entsprechend eröffnet hat. Die Zugangseröffnung kann auch gemeinsam mit der Einwilligung in die digitale Bekanntgabe eines Verwaltungsakts über das Nutzerkonto erfolgen.

III. Einwilligung in die digitale Bekanntgabe

Die digitale Bekanntgabe setzt zudem eine entsprechende **Einwilligung** des Beteiligten voraus (Art. 24 Abs. 1 BayDiG). Die Einwilligung kann

- für einzelne Verfahren,
- für bestimmte Gruppen von Behördenkontakten oder
- generell erteilt werden (Art. 22 Abs. 1 Satz 2 BayDiG).

Die generelle Einwilligung soll dabei digital über das Nutzerkonto gemäß Art. 29 BayDiG erteilt werden (Art. 22 Abs. 2 Satz 1 BayDiG).

Die über das Nutzerkonto erteilten Einwilligungen können mit **Wirkung für die Zukunft** widerrufen werden. In einem **laufenden Verwaltungsverfahren** muss der Widerruf gegenüber der für die Durchführung des Verwaltungsverfahrens zuständigen Behörde erklärt werden (Art. 22 Abs. 2 Sätze 2 und 3 BayDiG; vgl. die Erläuterungen zum Bayerischen Digitalgesetz in der Online-Version des Praxishandbuchs zu Art. 22).

Eine **Ausnahme** vom Erfordernis der Einwilligung gilt bei Verwaltungsdienstleistungen im Bereich der **Personalverwaltung und Personalwirtschaft** gegenüber den Beschäftigten (Art. 20 Abs. 3 BayDiG). In diesen Fällen ist eine Einwilligung des Beteiligten nicht erforderlich (Art. 24 Abs. 1 Satz 3 BayDiG).

IV. Digitaler Schriftformersatz

Ist für den zu erlassenden Verwaltungsakt durch eine Rechtsvorschrift das **Erfordernis** für eine **eigenhändige Unterschrift** vorgesehen, ist zunächst zu prüfen, ob dieses digital ersetzt werden kann. So findet beispielsweise bei Enteignungsverfahren der digitale Schriftformersatz nach Art. 3a BayVwVfG keine Anwendung (Art. 23 Satz 2 BayEG).

Als schriftformersetzende Verfahren kommen bei digitalen Verwaltungsakten insbesondere

- qualifizierte elektronische Signaturen (Art. 3a Abs. 2 Sätze 1 und 2, Art. 37 Abs. 3 Satz 2 BayVwVfG),
- qualifizierte elektronische Siegel (Art. 3a Abs. 3 Nr. 3 Buchst. a) BayVwVfG) sowie
- im Anwendungsbereich des BayDiG grundsätzlich auch fortgeschrittene elektronische Siegel (Art. 31 Abs. 5 Satz 1 Nr. 2 BayDiG)

in Betracht.

Besteht bei dem zu erlassenden Verwaltungsakt kein Erfordernis für eine eigenhändige Unterschrift, gelten die allgemeinen Anforderungen an die Form des Verwaltungsakts, insbesondere nach Art. 37 BayVwVfG.

V. Bekanntgabe über Portale

Die Bekanntgabe über ein Portal wird dadurch bewirkt, dass der Verwaltungsakt dem Beteiligten oder einem von ihm benannten Dritten zum Datenabruf durch Datenfernübertragung bereitgestellt wird (Art. 24 Abs. 1 BayDiG). Hierzu umfasst das Nutzerkonto auch ein Postfach, das die Bekanntgabe von Verwaltungsakten ermöglicht (Art. 29 Abs. 1 Satz 3 BayDiG). Für den Abruf hat sich die abrufberechtigte Person zu authentifizieren (Art. 24 Abs. 1 BayDiG). Eine Authentifizierung mit (lediglich) Benutzername/Passwort ist dabei datenschutzrechtlich nicht ausreichend (vgl. auch 30. Tätigkeitsbericht des Bayerischen Landesbeauftragten für den Datenschutz zum digitalen Bürgerkonto, Mai 2021, Beitrag Nr. 12.1).

Der Verwaltungsakt gilt am vierten Tag, nachdem die **digitale Benachrichtigung** über die Bereitstellung des Verwaltungsakts zum Abruf an die abrufberechtigte Person abgesendet wurde, als bekannt gegeben. Dies gilt nicht, wenn die digitale Benachrichtigung nicht oder zu einem späteren Zeitpunkt zugegangen ist. Im Zweifel hat die Behörde den Zugang der digitalen Benachrichtigung nachzuweisen. Gelingt ihr der Nachweis nicht, gilt der Verwaltungsakt in dem Zeitpunkt als bekannt gegeben, in dem die abrufberechtigte Person den Datenabruf durchgeführt hat (Art. 24 Abs. 2 BayDiG). Dieser Zeitpunkt ist zu protokollieren (Art. 24 Abs. 3 BayDiG; vgl. ergänzend die Erläuterungen zum Bayerischen Digitalgesetz in der Online-Version des Praxishandbuchs, Nr. 2–4 zu Art. 24). Damit den Behörden eine entsprechende Protokollierung möglich ist, können sie sich über den Zeitpunkt des Abrufs der Nachricht im Postfach informieren lassen.

Bei der digitalen Bekanntgabe des Verwaltungsakts werden personenbezogene Daten übermittelt, weshalb die **datenschutzrechtlichen Anforderungen** (z. B. Verschlüsselung) zu beachten sind. Auf die Ausführungen im 30. Tätigkeitsbericht des Bayerischen Landesbeauftragten für den Datenschutz zum digitalen Bürgerkonto, Mai 2021, Beitrag Nr. 12.1, wird an dieser Stelle hingewiesen.

Art. 24 BayDiG regelt die Bekanntgabe über Portale. Daneben ist auch die **elektronische Bekanntgabe nach Art. 41 Abs. 2 Satz 2 BayVwVfG** möglich. Die Vorschrift ist an die Bekanntgabe eines schriftlichen Verwaltungsakts durch die Post angelehnt (Art. 41 Abs. 2 Satz 1 BayVwVfG). Dementsprechend gilt ein Verwaltungsakt, der elektronisch übermittelt wird, am vierten Tag nach der Absendung als bekannt gegeben (4-Tages-Fiktion). Dies gilt allerdings (wie bei der Übermittlung durch die Post) nicht, wenn der Verwaltungsakt nicht oder zu einem späteren Zeitpunkt zugegangen ist; im Zweifel hat die Behörde den Zugang des Verwaltungsaktes und den Zeitpunkt des Zugangs nachzuweisen. Auch bei der elektronischen Bekanntgabe nach Art. 41 Abs. 2 Satz 2 BayVwVfG müssen die datenschutzrechtlichen Anforderungen (z. B. Verschlüsselung) beachtet werden. Eine elektronische Bekanntgabe durch „einfache" E-Mail genügt diesen Anforderungen nicht.

VI. Zustellung über Portale

Mit dem Bayerischen Digitalgesetz wurde auch die Zustellung über Portale ermöglicht (Art. 25 BayDiG). Die weiteren Möglichkeiten der elektronischen Zustellung nach dem Bayerischen Verwaltungszustellungs- und Vollstreckungsgesetz (VwZVG) bleiben hiervon unberührt. Dies wird durch Art. 25 Satz 1 BayDiG ausdrücklich klargestellt.

Zugestellt wird, wenn es durch Rechtsvorschrift oder behördliche Anordnung bestimmt ist (Art. 1 Abs. 5 VwZVG).

Für die Zustellung über Portale gelten zunächst dieselben Anforderungen wie für die Bekanntgabe nach Art. 24 BayDiG (s. oben Kapitel V.). Auch bei der Zustellung wird der Verwaltungsakt dem Beteiligten oder einem von ihm benannten Dritten zum Datenabruf durch Datenfernübertragung bereitgestellt. Das Nutzerkonto umfasst hierfür ein Postfach, das neben der Bekanntgabe auch die Zustellung von Verwaltungsakten ermöglicht (Art. 29 Abs. 1 Satz 3 BayDiG).

Darüber hinaus ist erforderlich, dass der Beteiligte **ausdrücklich** in die Zustellung durch Bereitstellung zum Datenabruf **eingewilligt** hat (Art. 25 Satz 2 BayDiG). Die Einwilligung kann dabei sowohl für das einzelne Verwaltungsverfahren, für bestimmte Gruppen von Behördenkontakten oder generell erteilt werden (Art. 22 Abs. 1 Satz 2 BayDiG). Die generelle Einwilligung soll digital über das Nutzerkonto gemäß Art. 29 BayDiG erteilt werden (Art. 22 Abs. 2 Satz 1 BayDiG). Für den Widerruf der Einwilligung gelten Art. 22 Abs. 2 Sätze 2 und 3 BayDiG.

Nach Art. 25 Satz 3 BayDiG ist der Beteiligte zudem vor der Einwilligung unter ausdrücklichem Hinweis auf Art. 25 BayDiG über die **Rechtsfolgen der Zustellung** zu informieren (z. B. Rechtsmittelfrist wird in Gang gesetzt).

Auch bei der digitalen Zustellung über Portale gilt, dass eine Einwilligung des Beteiligten **ausnahmsweise** nicht erforderlich ist, wenn Verwaltungsdienstleistungen im Bereich der **Personalverwaltung und Personalwirtschaft** gegenüber den Beschäftigten ausschließlich digital angeboten und erbracht werden (Art. 25 Satz 4 BayDiG).

Teil F
IT-Sicherheit

I. Überblick über die Gefährdungslage

Die Gewährleistung der Sicherheit der informationstechnischen Systeme der Behörden ist und bleibt eine Herausforderung. So bewertet das Bundesamt für Sicherheit in der Informationstechnik die Gefährdungslage in seinem Bericht zur Lage der IT-Sicherheit in Deutschland 2024 als unverändert „besorgniserregend". Beispielsweise wurden im Berichtszeitraum täglich durchschnittlich 309 000 neue Schadprogramm-Varianten bekannt. Dies entspricht einem Anstieg von rund 26 % gegenüber dem vorherigen Berichtszeitraum mit täglich durchschnittlich 250 000 neuen Schadprogramm-Varianten [Bundesamt für Sicherheit in der Informationstechnik (Hrsg.), Die Lage der IT-Sicherheit in Deutschland 2024, S. 15 ff., 90 ff.].

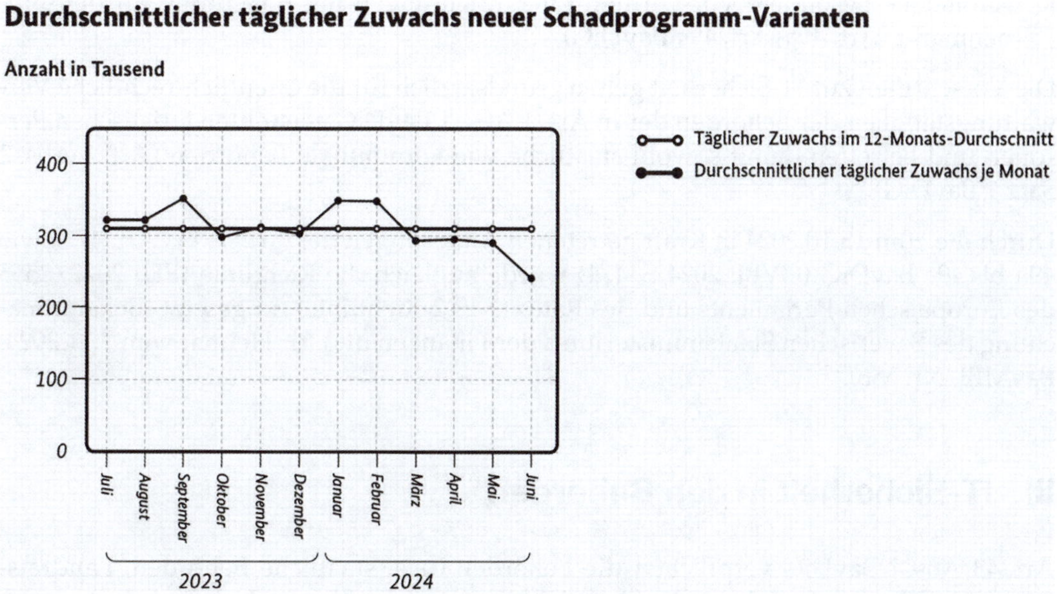

Abb. 1: Durchschnittlicher täglicher Zuwachs neuer Schadprogramm-Varianten (Anzahl in 1 000); Quelle: Bundesamt für Sicherheit in der Informationstechnik (Hrsg.), Die Lage der IT-Sicherheit in Deutschland 2024, S. 16

Dies deckt sich mit der Einschätzung im Bericht zur Cybersicherheit in Bayern 2024 (online abrufbar unter https://www.stmfh.bayern.de/digitalisierung/it_sicherheit/). Nach dem Bericht hat sich die bereits angespannte Lage im Berichtszeitraum (1.1.2023 bis 31.12.2023) weiter zugespitzt. Die Spannbreite der Angriffe reichte von Erpressungslagen mittels DDoS-Angriffen, E-Mail-Manipulation und Ransomware-Angriffen bis hin zur Industrie- und Wirtschaftsspionage. Besorgniserregend ist nach dem Bericht, dass nach wie vor nicht mehr nur große Unternehmen, sondern vermehrt auch kleine und mittelständische Unternehmen sowie Behörden von derartigen Vorfällen betroffen waren. Auch bayerische Kommunen waren im Berichtszeitraum das Ziel von verschiedenen Cyberangriffen, wie beispielsweise Phishing, Malware oder im Bereich

Social Engineering. Dabei ist zu berücksichtigen, dass in der Regel nur ein Teil der Angriffe auch erkannt wird; die Anzahl der tatsächlichen Angriffe dürfte höher sein.

II. Grundsätzliche Regelungen im Bayerischen Digitalgesetz

Aufgrund dieser Gefährdungslage und weil die Sicherheit der informationstechnischen Systeme eine wesentliche Voraussetzung für eine gelingende Verwaltungsdigitalisierung und das Vertrauen der Nutzer in die bereitgestellten digitalen Verwaltungsleistungen ist, wird die IT-Sicherheit auch im Bayerischen Digitalgesetz aufgegriffen. Die grundsätzlichen Regelungen sind in Teil 3 des Gesetzes zusammengefasst (Art. 41–Art. 49c BayDiG) und gliedern sich in folgende Kapitel:

- Kapitel 1 – Allgemeine Vorschriften (Art. 41–Art. 43 BayDiG),
- Kapitel 2 – Befugnisse (Art. 44–Art. 47 BayDiG),
- Kapitel 3 – Datenschutz (Art. 48–Art. 49 BayDiG),
- Kapitel 4 – Besondere Vorschriften für Einrichtungen mit Bedeutung für den Binnenmarkt (Art. 49a–Art. 49c BayDiG).

Die Vorschriften zur IT-Sicherheit gelten grundsätzlich für die öffentlich-rechtliche Verwaltungstätigkeit der Behörden der in Art. 1 Abs. 1 BayDiG genannten juristischen Personen und betreffen damit sowohl staatliche wie kommunale Behörden (Art. 1 Abs. 2 Satz 1 BayDiG).

Durch die zum 18.10.2024 in Kraft getretenen Änderungen der Art. 41 bis Art. 47 sowie 49a bis 49c BayDiG (GVBl. 2024 S. 474) wurde zugleich die Richtlinie (EU) 2022/2555 des Europäischen Parlaments und des Rates (NIS-2-Richtlinie) umgesetzt (Bekanntmachung des Bayerischen Staatsministeriums der Finanzen und für Heimat vom 7.11.2024, BayMBl. Nr. 556).

III. IT-Sicherheit in den Behörden

Art. 43 Abs. 1 BayDiG verpflichtet die Behörden (u. a. staatliche Behörden, Landratsämter und Gemeinden) dazu, die Sicherheit ihrer informationstechnischen Systeme im Rahmen der Verhältnismäßigkeit sicherzustellen. Zur Umsetzung dieser Verpflichtung müssen die Behörden angemessene technische, operative und organisatorische Maßnahmen treffen und die hierzu erforderlichen Informationssicherheitskonzepte erstellen. Die Gewährleistung der IT-Sicherheit der eingesetzten IT-Systeme wird damit zugleich als behördliche Aufgabe definiert. Im Rahmen der Prüfung der Verhältnismäßigkeit sind insbesondere

- Art und Ausmaß des Risikos,
- die Wahrscheinlichkeit des Risikoeintritts und
- die Kosten der Risikovermeidung

gegeneinander abzuwägen. Dies bedingt bei begrenzten personellen und finanziellen Ressourcen auch eine Priorisierung der Maßnahmen, indem z. B. zunächst besonders effektive Maßnahmen umgesetzt werden oder Maßnahmen, die gegen besonders hohe

Risiken schützen. Art. 43 Abs. 1 Satz 2 BayDiG betont zudem das Zusammenspiel aus „angemessenen" technischen, operativen und organisatorischen Maßnahmen, um das notwendige Sicherheitsniveau zu erreichen. Beispielsweise kann der Schutzzweck technischer Lösungen oftmals auch durch organisatorische Maßnahmen erreicht werden. Entscheidend ist daher die Gesamtkonzeption im Rahmen des zu erstellenden (und fortzuschreibenden) Informationssicherheitskonzepts bzw. des Informationssicherheits-Managementsystems (vgl. auch BSI-Standard 200-1, Version 1.0, S. 22).

Die von den Behörden umzusetzenden Maßnahmen werden in Art. 43 Abs. 1 Satz 2 BayDiG nur mehr abstrakt beschrieben. In der bis 17.10.2024 geltenden Fassung dieser Vorschrift wurde konkretisierend auf Art. 32 Datenschutz-Grundverordnung und Art. 32 BayDSG Bezug genommen. Der geänderte Gesetzeswortlaut dient ausweislich der Gesetzesbegründung insbesondere der sprachlichen Angleichung an die europarechtlichen Vorgaben der Richtlinie (EU) 2022/2555 (NIS-2-Richtlinie); eine Veränderung des bisherigen Regelungsgehalts ist nicht beabsichtigt (LT-Drs. 19/2591, S. 12 f.). Der Gesetzgeber bezweckte damit keine inhaltliche Änderung bei den umzusetzenden Maßnahmen, wobei zu berücksichtigen ist, dass Art. 32 BayDSG nur für Verarbeitungen im Anwendungsbereich der Richtlinie (EU) 2016/680 gilt (vgl. Art. 28 BayDSG). Für die praktische Umsetzung ergeben sich im Ergebnis aber keine wesentlichen Änderungen. Die zu treffenden Maßnahmen müssen insbesondere geeignet sein, um

- Unbefugten den Zugang zu Datenverarbeitungsanlagen, mit denen personenbezogene Daten verarbeitet werden, zu verwehren (Zugangskontrolle),
- die innerbehördliche oder innerbetriebliche Organisation so zu gestalten, dass sie den besonderen Anforderungen des Datenschutzes gerecht wird (Organisationskontrolle),
- zu verhindern, dass
  - Datenträger unbefugt gelesen, kopiert, verändert oder entfernt werden können (Datenträgerkontrolle),
  - personenbezogene Daten unbefugt eingegeben werden sowie gespeicherte personenbezogene Daten unbefugt gelesen, verändert oder gelöscht werden (Speicherkontrolle),
  - automatisierte Datenverarbeitungssysteme mithilfe von Einrichtungen zur Datenübertragung von Unbefugten genutzt werden können (Benutzerkontrolle),
  - bei der Übermittlung personenbezogener Daten sowie beim Transport von Datenträgern die Daten unbefugt gelesen, kopiert, verändert oder gelöscht werden können (Transportkontrolle),
- zu gewährleisten, dass
  - die zur Benutzung eines automatisierten Datenverarbeitungssystems Berechtigten ausschließlich auf die ihrer Zugriffsberechtigung unterliegenden Daten zugreifen können (Zugriffskontrolle),
  - überprüft und festgestellt werden kann, an welche Stellen personenbezogene Daten mithilfe von Einrichtungen zur Datenübertragung übermittelt oder zur Verfügung gestellt wurden oder werden können (Übertragungskontrolle),
  - nachträglich überprüft und festgestellt werden kann, welche personenbezogenen Daten zu welcher Zeit von wem in automatisierte Datenverarbeitungssysteme eingegeben worden sind (Eingabekontrolle),

- eingesetzte Systeme im Störungsfall wiederhergestellt werden können (Wiederherstellung),
- alle Funktionen des Systems zur Verfügung stehen und auftretende Fehlfunktionen gemeldet werden (Zuverlässigkeit),
- gespeicherte personenbezogene Daten nicht durch Fehlfunktionen des Systems beschädigt werden können (Datenintegrität),
- personenbezogene Daten, die im Auftrag verarbeitet werden, nur entsprechend den Weisungen des Verantwortlichen verarbeitet werden können (Auftragskontrolle).

Notwendig ist ein systematisches Vorgehen, das unter Berücksichtigung der Gefährdungslage und Risiken gewährleistet, dass die Aufgabe nach Art. 43 Abs. 1 Satz 1 BayDiG erfüllt wird. Informationssicherheitskonzepte sind daher nicht nur zu „erstellen" (wie der Wortlaut ggf. vermuten ließe), sondern müssen auch angewendet, regelmäßig überprüft und bei Bedarf fortgeschrieben werden.

Um die Kommunen bei der Erstellung dieses Informationssicherheitskonzepts zu unterstützen, hat die Innovationsstiftung Bayerische Kommune eine entsprechende Arbeitshilfe herausgegeben. Die Arbeitshilfe kann über die Internetseite der Innovationsstiftung kostenlos heruntergeladen werden (www.bay-innovationsstiftung.de/ → Projekte). Die Erstellung und Umsetzung des Informationssicherheitskonzepts vollzieht sich dabei in vier Schritten nach dem sog. Plan-Do-Check-Act-Zyklus:

Abb. 2: Erstellung und Umsetzung eines Informationssicherheitskonzepts nach dem sog. Plan-Do-Check-Act-Zyklus

Quelle: Innovationsstiftung Bayerische Kommune (Hrsg.), Arbeitshilfe zur Erstellung von Informationssicherheitskonzepten für Kommunen, 2023, S. 3.

IV. Informationssicherheits-Managementsysteme

Neben der Erstellung (und Fortschreibung) eines Informationssicherheitskonzepts können die Verpflichtungen aus Art. 43 Abs. 1 BayDiG auch durch Implementierung eines Informationssicherheits-Managementsystems (ISMS) erfüllt werden. Ein ISMS wird ab einer bestimmten Behördengröße auch notwendig sein, um die Sicherheit der informationstechnischen Systeme sicherzustellen, etwa weil bei zahlreichen beteiligten Organisationseinheiten und Beschäftigten ein höheres Maß an „Formalisierung" notwendig ist.

Die nachfolgende Tabelle stellt die wesentlichen ISMS mit ihren jeweiligen Merkmalen kurz im Überblick dar:

Kriterien	VdS 10000	CISIS12	SiKoSH	ISO/IEC 27000-Reihe	BSI IT-Grundschutz
Herausgeber	VdS Schadenverhütung GmbH	IT-Sicherheitscluster e. V.	ITV.SH AöR	International Standards Organisation	Bundesamt für Sicherheit in der Informationstechnik
Zielgruppe	kleine und mittlere Unternehmen	kleine und mittlere Unternehmen, öffentliche Verwaltung, Hochschulen	Kommunalverwaltungen	Organisationen jeder Größenordnungen	Organisationen jeder Größenordnungen und öffentliche Verwaltung
Dokumentation	ca. 40 Seiten	Handbuch 35 Seiten, Katalog 976 Seiten, Norm 61 Seiten	Standard 50 Seiten; insgesamt ca. 70 Dokumente	ca. 400 Seiten	ca. 5 000 Seiten
Detaillierung	minimal verweisend	mittel, praxisnah	praxisnah	minimalistisch abstrakt	maximal detailliert
Aufbau	Selektierte Bausteine und Maßnahmen	Selektierte Bausteine und Maßnahmen	Bausteine und Maßnahmen der kommunalen Basisabsicherung	Maßnahmenempfehlungen	umfassende Bausteine, Gefährdungen und Maßnahmen
Umfang des Maßnahmenkatalogs	ca. 18 Kapitel plus Anhang, ca. 100 Maßnahmen	ca. 400 Maßnahmen	entsprechend Grundschutzprofil Basisabsicherung Kommunalverwaltung	ca. 150 Maßnahmen	ca. 1 100 Maßnahmen

Kriterien	VdS 10000	CISIS12	SiKoSH	ISO/IEC 27000-Reihe	BSI IT-Grundschutz
Risikoanalyse	Verweise auf andere Regelwerke	Vorgesehen, indirekt beschrieben	entfällt (ausgelegt für Basisabsicherung mit normalem Schutzbedarf)	grundsätzlich	enthalten (ergänzend für höheren Schutzbedarf)
Umsetzung	Verweise auf andere Regelwerke; konkret formulierte Maßnahmen umsetzen	konkret formulierte Maßnahmen, teilweise Hinweis auf BSI IT- Grundschutz	Vorformulierte, anpassbare, behördenorientierte Richtlinien	allgemeingültig formulierte Maßnahmen umsetzen	Auswahl konkret formulierter Maßnahmen umsetzen
Mögliche Zertifizierung	VdS-Zertifizierung	CISIS12-Norm	Basisabsicherung nach BSI-Grundschutz	ISO-Zertifizierung	ISO-Zertifizierung nach IT-Grundschutz
Bezug der Standards für Kommunen	ca. 80 EUR	kostenlos	kostenlos	ca. 300 EUR (ISO 27001+ 27002)	kostenlos

Quelle: Handreichung zur Ausgestaltung der Informationssicherheitsleitlinie in Kommunalverwaltungen, 3. Auflage, Oktober 2024, S. 16 f. m. w. N.

V. Unterstützung durch Landesamt für Sicherheit in der Informationstechnik

Dezentrale Maßnahmen alleine auf der Ebene der einzelnen Behörden reichen angesichts der Gefährdungslage und des hohen Grades an Vernetzung der Verwaltungs-IT nicht aus, um die Sicherheit der informationstechnischen Systeme sicherzustellen. Hinzu kommt, dass das hierzu notwendige Fachwissen nicht in allen Behörden in gleicher Weise vorhanden ist bzw. vorgehalten werden kann. Das im Dezember 2017 eingerichtete Landesamt für Sicherheit in der Informationstechnik (LSI) hat daher nach Art. 42 Abs. 1 BayDiG u. a. die Aufgabe,

- Gefahren für die Sicherheit der Informationstechnik an den Schnittstellen zwischen Behördennetz und anderen Netzen abzuwehren,
- die staatlichen und die sonstigen an das Behördennetz angeschlossenen Stellen bei der Abwehr von Gefahren für die Sicherheit in der Informationstechnik zu unterstützen,

- sicherheitstechnische Mindeststandards an die Informationstechnik für die staatlichen und die sonstigen an das Behördennetz angeschlossenen Stellen zu entwickeln und deren Einhaltung zu prüfen,
- alle für die Abwehr von Gefahren für die Sicherheit in der Informationstechnik, die Erkennung von Sicherheitsrisiken und die Bewertung von Sicherheitsvorkehrungen erforderlichen Informationen zu sammeln und auszuwerten sowie die staatlichen und sonstigen an das Behördennetz angeschlossenen Stellen unverzüglich über die sie betreffenden Informationen zu unterrichten sowie
- der Leitungsebene und den Beschäftigten von Behörden Schulungen im Bereich Cybersicherheit anzubieten.

Hinzu kommen die Beratungs- und Unterstützungsangebote des LSI. So kann das LSI auf Ersuchen

- staatliche und kommunale Stellen,
- öffentliche Unternehmen,
- Betreiber kritischer Infrastrukturen und
- weitere Einrichtungen mit wichtiger Bedeutung für das staatliche Gemeinwesen

in Fragen der Sicherheit in der Informationstechnik unter Berücksichtigung der möglichen Folgen fehlender oder unzureichender Sicherheitsvorkehrungen beraten und unterstützen (Art. 42 Abs. 2 BayDiG). Das Beratungsangebot des LSI zur Informationssicherheit für Kommunen umfasst insbesondere folgende Themen:

- Schutz der IT-Infrastruktur,
- Organisation der IT-Sicherheit,
- Sicherheitsrichtlinien,
- IT-Resilienz,
- Siegel „Kommunale IT-Sicherheit“,
- Managementsystemen für Informationssicherheit (ISMS),
- Audits und Zertifizierung,
- Awareness-Kampagnen,
- Penetrationstests,
- Warn- und Informationsdienst zu Schwachstellen und aktuellen Bedrohungen,
- IT-Notfallmanagement.

Weiterführende Informationen sind auf der Internetseite des LSI unter www.lsi.bayern.de abrufbar.

Teil G
Wesentliche Pflichten aus dem BayDiG

Das Bayerische Digitalgesetz (BayDiG) ist am 1.8.2022 in Kraft getreten. Zahlreiche Verpflichtungen für die Behörden waren bereits im Vorgänger-Gesetz, dem Bayerischen E-Government-Gesetz, enthalten. Das BayDiG enthielt bei seinem Inkrafttreten daher nur wenige Übergangsregelungen. Die wesentlichen Umsetzungspflichten für die Behörden sind nachfolgend dargestellt:

Norm	**Inhalt**	**Umsetzung/Unterstützungsangebote des Freistaates Bayern**	**Inkrafttreten/ Übergangsfrist**
Art. 16 Satz 1 BayDiG	Verpflichtung, einen Zugang für die Übermittlung digitaler sowie im Sinne des Art. 3a Abs. 2 und 3 BayVwVfG schriftformersetzender Dokumente zu eröffnen.	Minimum: E-Mailpostfach der Behörde (Schriftformersatz möglich, z. B. durch qualifiziert elektronisch signiertes Dokument). Empfehlung: Sicheres Kontaktformular mit Anbindung an Nutzerkonto (einschl. schriftformersetzender Verfahren).	1.8.2022
Art. 16 Satz 3 BayDiG	Verpflichtung, geeignete sichere Verfahren für die Kommunikation mit dem Nutzer bereitzustellen.	Hinkanal: Sicheres Kontaktformular mit Anbindung an Nutzerkonto. Rückkanal: Postfach des Nutzerkontos.	1.8.2022
Art. 18 Abs. 1 BayDiG	Verpflichtung, integrierte digitale Zahlungsmöglichkeiten anzubieten, soweit dies wirtschaftlich und zweckmäßig ist.	Nutzung des Dienstes „ePayment“.	1.8.2022

Norm	Inhalt	Umsetzung/Unterstützungsangebote des Freistaates Bayern	Inkrafttreten/ Übergangsfrist
Art. 18 Abs. 2 BayDiG	Verpflichtung der Auftraggeber i. S. v. § 98 GWG, den Empfang und die Verarbeitung digitaler Rechnungen sicherzustellen, soweit ▪ für sie eine Vergabekammer des Freistaates Bayern zuständig ist, ▪ sie im Rahmen der Organleihe für den Bund tätig werden oder ▪ dies durch Rechtsverordnung der Staatsregierung (§ 8 BayDiV) vorgesehen ist.	Unterstützung durch E-Rechnungs-Viewer des Staatsministeriums für Digitales (https://e-rechnung.bayern.de).	1.8.2022/die wesentlichen Verprlichtungen galten bereits vor Inkrafttreten des BayDiG
Art. 19 Abs. 1 BayDiG	Verpflichtung, geeignete Verwaltungsleistungen auch digital anzubieten. Gemeindeverbände und Gemeinden sollen in Angelegenheiten des eigenen Wirkungskreises geeignete Verwaltungsleistungen auch digital anbieten.	Nutzung der BayernPackages über BayKommun/ Nutzung von Online-Leistungen aus BayernStore und DigitalStore	1.1.2024
Art. 19 Abs. 2 BayDiG	Behördliche Formulare, die zur Verwendung durch Beteiligte dienen, sind in digital ausfüllbarer Form zum Abruf und zur sicheren Datenübermittlung an die Behörden bereitzustellen. Dies gilt nicht, soweit Verwaltungsleistungen gemäß Art. 19 Abs. 1 BayDiG (s. o.) vollständig digital angeboten werden.	Einstellen von ausfüllbaren PDF-Formularen oder Bereitstellen der vollständig digitalen Verwaltungsleistung.	1.1.2024
Art. 19 Abs. 3 BayDiG	Verpflichtung der Behörden, in digitalen Verwaltungsverfahren, in denen sie die Identität einer Person aufgrund einer Rechtsvorschrift festzustellen haben oder aus anderen Gründen eine Identifizierung für notwendig erachten, die Identifizierung über einen digitalen Identitätsnachweis gem. Art. 19 Abs. 3 BayDiG anzubieten.	Anbindung der digitalen Verwaltungsleistungen an das Nutzerkonto.	1.8.2022

Norm	Inhalt	Umsetzung/Unterstützungsangebote des Freistaates Bayern	Inkrafttreten/ Übergangsfrist
Art. 33 Abs. 1 Satz 1 BayDiG	Staatliche Behörden sollen ihre Akten digital führen. Landratsämter und sonstige Behörden (z. B. Gemeinden) können ihre Akten digital führen.	Einsatz digitaler Aktenführungssysteme (z. B. Dokumentenmanagementsystem)	1.8.2022
Art. 43 Abs. 1 BayDiG	Verpflichtung, die zur Sicherheit der informationstechnischen Systeme angemessenen technischen, operativen und organisatorischen Maßnahmen zu treffen und die hierzu erforderlichen Informationssicherheitskonzepte zu erstellen.	Erstellung und Umsetzung Informationssicherheits-konzept bzw. Informationssicherheits-Managementsystem (ISMS)/Unterstützung durch Landesamt für Sicherheit in der Informationstechnik.	1.8.2022, geändert m. W. v 18.10.2024

Teil H
Überblick: Das Onlinezugangsgesetz des Bundes und das „OZG 2.0."

I. Das OZG als Programm- und Verfahrensgesetz: Bedeutung für Bayern

Das Onlinezugangsgesetz ist 2017 in Kraft getreten und in den Jahren 2020 („OZG 1.1.") und 2024 („OZG 2.0.") reformiert worden. Das ursprüngliche ambitionierte Ziel des Gesetzgebers bis zum Jahre 2022 alle Verwaltungsleistungen von Bund, Ländern (und Kommunen) **online** über einen Portalverbund bereitzustellen ist zwar deutlich gescheitert. Dennoch besteht Einigkeit, dass das OZG insgesamt zu einer **deutlichen Beschleunigung der Verwaltungsdigitalisierung** in Deutschland geführt hat.

Trotz der damit **auch für Bayern unstrittigen Auswirkungen** des OZG (sog. „OZG-Umsetzung") bleibt die unmittelbare praktische **Bedeutung des Gesetzes für Bürgerinnen, Bürger, Unternehmen und Behörden in Bayern** auch nach der jüngsten Novelle des Gesetzes letztlich **gering**.

Dafür gibt es im Wesentlichen **vier Gründe**:

1. Das OZG ist, anders als z. B. das Bayerische Digitalgesetz, **ein primär an Bund und Länder gerichtetes technisches Programmgesetz**. Das OZG enthält in dieser Funktion nur vergleichsweise allgemeine politische Programmsätze und Begriffsdefinitionen („alle Leistungen online", „Abruf von Leistungen über einen Portalverbund", Verknüpfung von Online-Diensten mit Nutzerkonten, vgl. § 1 bis 3 OZG), die für sich gesehen **behördlich noch gar nicht vollzugsfähig** sind.
2. Das Regelungsmodell des OZG sieht konkrete **vollzugsfähige technische Regelungen** grundsätzlich erst auf der Ebene von Ausführungsverordnungen vor, die aufgrund der Befugnisnormen der Art. 4 bis 6 OZG vom Bund erlassen werden können. Bis Ende 2024 hat das BMI **nur einmal von diesen Befugnissen Gebrauch gemacht**, im Bereich der IT-Sicherheit. Und auch diese „IT-Sicherheitsverordnung Portalverbund – ITSiV-PV" vom 1.6.2022 hat **in der behördlichen Praxis bisher wenig Spuren** hinterlassen.
3. Konkrete **für Behörden und Bürger relevante Rechtsvorschriften** enthält das OZG eigentlich nur dort, wo es gerade **nicht dem** Ausbau eines **Portalverbunds dient**, sondern vom Bundesgesetzgeber als „Neben-Verwaltungsverfahrensgesetz" genutzt wird. Beispiele für **klassische verfahrensrechtliche Regelungen** zum Schriftformersatz, zu zulässigen Identifizierungsmitteln oder zur Bekanntgabe finden sich z. B. § 3 Abs. 4, § 9 und § 9a OZG.
4. Diese verwaltungsverfahrensrechtlichen Regelungen sind zwar vollzugstauglich. Sie gelten für die Länder aber gem. Art. 84 Abs. 1 Satz 1 und 2 GG von vornherein **nur eingeschränkt**, nämlich beim **Vollzug von Bundesgesetzen**, nicht aber beim Vollzug von Landesrecht. Und auch beim Vollzug von Bundesrecht **können die Länder** von den Vorgaben des OZG **durch Landesgesetz abweichen**.

Merke

Vereinfacht lässt sich zur Bedeutung des OZG in Bayern zusammenfassen:

- **Dort wo das OZG für die Behörden in Bayern verbindlich und abweichungsfest ist (Technikrecht), ist es zu ungenau und damit nicht vollzugstauglich.**
- **Dort wo das OZG für die Behörden in Bayern vollzugstauglich gefasst ist (Verfahrensrecht), ist es nicht verbindlich bzw. nicht abweichungsfest.**

Das vom Bundesgesetzgeber rechtlich vorgesehene Modell der **„OZG-Umsetzung durch Bundesverordnung"** kann nach den bisherigen Erfahrungen als in der Praxis **gescheitert** angesehen werden.

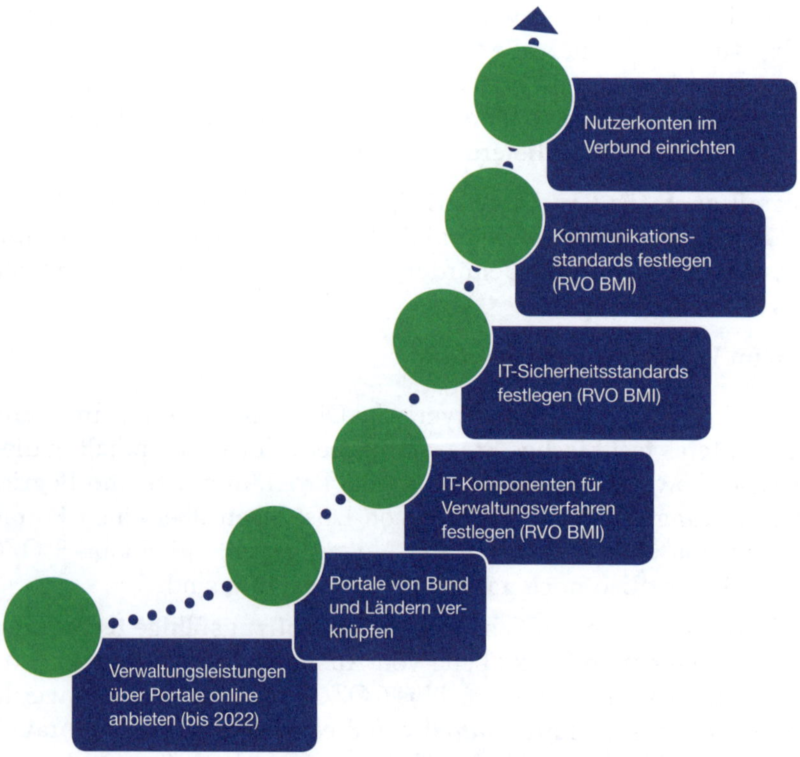

Abb. 1: Stufenplan der OZG-Umsetzung – nach dem OZG-Regelungsmodell

Die damit bestehende Lücke im OZG-Modell wurde im Wesentlichen durch zwei alternative Steuerungsinstrumente kompensiert.

- Auf föderaler Ebene erfolgte die Umsetzung des OZG durch **Beschlüsse des IT-Planungsrats**.
- Auf Landesebene wurden ergänzend landesspezifische Programme beschlossen (in Bayern **„OZG-Masterplan Bayern"** von 2020, aktuell in Überarbeitung).
- Diese Programme dienen seither als praktische Grundlage der OZG-Umsetzung, **rechtlich sind sie aber gerade nicht verbindlich.**

II. OZG und Bayerisches Digitalgesetz

Bürger, Unternehmen und Behörden in Bayern stehen damit vor einem Dilemma. **Das OZG fordert zwar die Digitalisierung der Verwaltung ein**, auch von den Behörden in Bayern. Es enthält jedoch keine vollzugstauglichen Regelungen, **wie Verwaltungsdigitalisierung** in Bayern nach Maßgabe der Rahmenvorgaben des OZG **konkret umzusetzen ist.**

Die damit bestehende Lücke schließt das Bayerische Digitalgesetz als „OZG-Umsetzungsgesetz“ für Bayern.

- Es enthält in seinen Regelungen zum „Portalverbund Bayern“, Art. 26 bis 32 das **vollständige rechtlich verbindliche OZG-Umsetzungsprogramm für Bayern.**
- Darüber hinaus legt das **BayDiG** auch rechtsverbindlich fest, ob und inwieweit die **Verfahrensregelungen des OZG** in Bayern anzuwenden sind oder ob ggfs. von diesen abgewichen wird.
- Die **wesentliche Frage** für die OZG-Anwendung in Bayern ist daher **nicht**, ob und inwieweit das **OZG in Bayern** (neben dem BayDiG) **anwendbar** ist oder nicht. Diese Frage ist im Zweifel zu bejahen.
- Die **rechtlich und praktisch entscheidende Frage** ist aber, **was aus der OZG-Anwendbarkeit in Bayern konkret folgt,** d. h., wie das OZG in Bayern konkret von Behörden mit Wirkung für Bürger und Unternehmen **rechtlich verbindlich umzusetzen** ist. Und diese Frage beantwortet in Bayern (allein) das BayDiG.

Da das BayDiG die Frage der rechtlich verbindlichen Umsetzung des OZG in Bayern klärt, ist es in der Praxis für Bürger, Unternehmen und Behörden nicht erforderlich, sich gesondert mit dem OZG selbst und seinen Inhalten auseinanderzusetzen. Dies gilt auch nach Inkrafttreten des OZG 2.0., da dessen Änderungen in das BayDiG überführt werden, soweit sie für die OZG-Umsetzung in Bayern relevant sind.

Daraus ergibt sich auch die Art der Darstellung des OZG in diesem Handbuch. Sie erhalten im Folgenden einen **Überblick über das OZG in seiner aktuellen Fassung, seine Entstehung, seine Grundstruktur und seine wesentlichen Inhalte**. Dabei wird auch auf das EGovG Bund eingegangen, soweit es relevante Regelungen für Bayern enthält. Hinsichtlich der Vielzahl **rechtlicher Details der OZG-Umsetzung** finden Sie alles Wesentliche in den Abschnitten zum **„Portalverbund Bayern“** in diesem Handbuch.

III. Die Bundeskompetenz gem. Art. 91c Abs. 5 GG

1. Verwaltungszusammenarbeit in der IT gem. Art. 91c GG

Die Verwaltungszusammenarbeit von Bund und Ländern im Bereich der IT findet ihre verfassungsrechtliche Grundlage in **Art. 91c GG** (vgl. zum Zusammenwirken von Bund und Ländern im IT-Planungsrat *Schallbruch/Städler*, CR 2009, 619). Art. 91c Abs. 1 GG eröffnet Bund und Ländern die Möglichkeit, bei der Errichtung und dem Betrieb der für ihre Aufgabenerfüllung benötigten informationstechnischen Systeme zusammenzuwirken. Nach Art. 91c Abs. 2 Satz 1 GG können Bund und Länder aufgrund von Vereinbarungen die für die Kommunikation zwischen ihren informationstechnischen

Systemen notwendigen **Standards und Sicherheitsanforderungen** festlegen. Die Vereinbarungen über die Grundlagen der Zusammenarbeit nach Satz 1 können für einzelne nach Inhalt und Ausmaß bestimmte Aufgaben vorsehen, dass nähere Regelungen bei Zustimmung einer in der Vereinbarung zu bestimmenden **qualifizierten Mehrheit für Bund und Länder** in Kraft tritt.

Auf Grundlage von Art. 91c Abs. 2 GG wurde zwischen Bund und Ländern der **IT-Staatsvertrag** (Gesetz zum Vertrag über die Errichtung des IT-Planungsrats und über die Grundlagen der Zusammenarbeit beim Einsatz der Informationstechnologie in den Verwaltungen von Bund und Ländern – Vertrag zur Ausführung von Artikel 91c GG [siehe: GGArt9 1cVtr] vom 27. Mai 2010 [BGBl. I S. 662]) abgeschlossen, auf dessen Grundlage der **IT-Planungsrat** eingerichtet wurde, der eine eher lose Koordinierung der Verwaltungs-IT von Bund und Ländern ermöglicht (vgl. *Schallbruch/Städler*, CR 2009, 619).

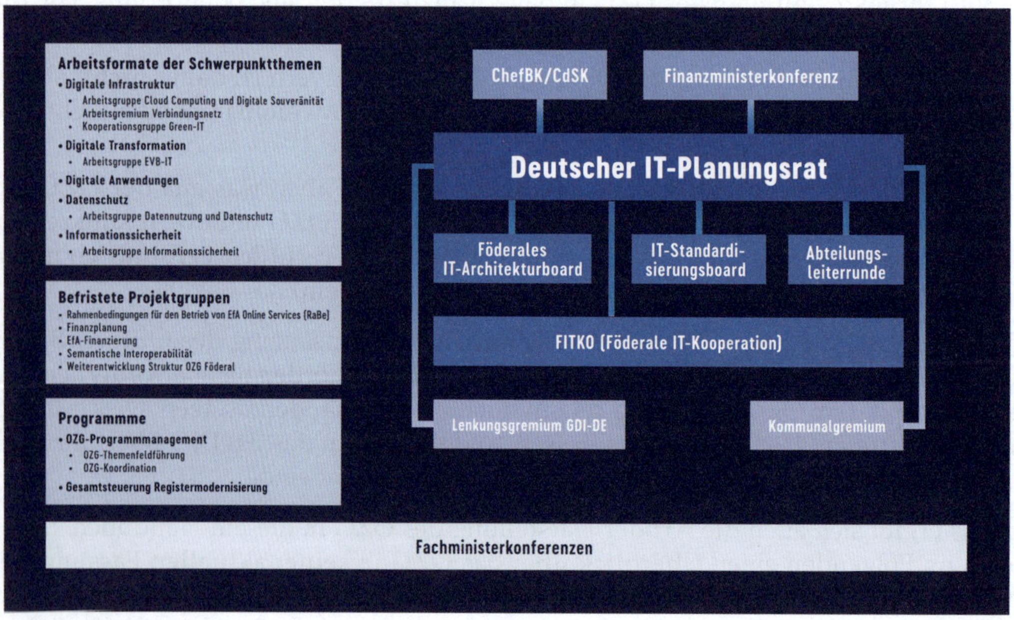

Abb. 2: Überblick: Aufgaben des IT-Planungsrats
Quelle: IT-PLR

2. Die neue ausschließliche Bundeskompetenz gem. Art. 91c GG

Art. 91c GG sollte in seiner bisherigen Fassung eine effektivere Verwaltungszusammenarbeit von Bund und Ländern ermöglichen, das bestehende föderative Kompetenzgefüge der Art. 84 ff. GG aber gerade nicht antasten. Durch den neu geschaffenen Art. 91c Abs. 5 GG wird dagegen eine neue (nach h.M.) „ausschließliche" Bundeskompetenz geschaffen, nach der der „übergreifende informationstechnische Zugang zu den Verwaltungsleistungen von Bund und Ländern (...) durch Bundesgesetz mit Zustimmung des Bundesrates geregelt" wird.

Die Ergänzung des Artikels 91c um einen neuen Absatz 5 dient ausweislich der Gesetzesbegründung der Umsetzung der politischen Vorgabe, den übergreifenden informationstechnischen **Zugang zu den Verwaltungsleistungen von Bund und Ländern zu**

ermöglichen. Mit dem auf der Grundlage von Absatz 5 mit Zustimmung des Bundesrates zu erlassenden Bundesgesetz können Bund und Länder verpflichtet werden, ihre Verwaltungsleistungen auch elektronisch bereitzustellen und diese übergreifend, d. h. auch außerhalb des **eigenen Verwaltungsportals online erreichbar** zu machen. In diesem Rahmen errichtet der Bund einen zentralen informationstechnischen Zugang zu seinen Verwaltungsleistungen, über den auch die Länder ihre Verwaltungsleistungen elektronisch bereitzustellen haben (BT-Drs. 18/11131 vom 13.2.2017; S. 12, 16).

3. Zur sachlichen Reichweite des Art. 91c Abs. 5 GG

Die Gesetzgebungsbefugnis des Bundes umfasst laut der Begründung des Gesetzentwurfs der Bundesregierung „die **Errichtung dieses Portalverbundes** und die grundsätzliche Pflicht zur auch **elektronischen Bereitstellung** von Verwaltungsleistungen des Bundes und der Länder über ihre jeweiligen Verwaltungsportale und **deren Verknüpfung** zu dem deutschlandweiten Portalverbund". Die Regelungsbefugnis soll weiterhin auch die **Kostentragung für die Schnittstellen** zwischen den Verwaltungsportalen von Bund und Ländern umfassen (BT-Drs. 18/11131 vom 13.2.2017; S. 16).

Um eine **medienbruchfreie Kommunikation** bei der Nutzung dieses Portalverbundes und der hierüber angebotenen Leistungen sowie die Kompatibilität zu anderen gesetzlich vorgesehenen Zugängen zur Verwaltung zu gewährleisten, sollen laut Begründung der Bundesregierung für die elektronische Abwicklung von Verwaltungsleistungen über den Portalverbund einheitliche Vorgaben für **IT-Anwendungen, die Kommunikation und die IT-Sicherheit** gelten. Diese kann der Bund auf der Grundlage der Gesetzgebungskompetenz in Absatz 5 mit Zustimmung des Bundesrates vorgeben (BT-Drs. 18/11131 vom 13.2.2017; S. 16 f.).

4. Anwendbarkeit des Art. 91c Abs. 5 GG auf Kommunen?

Die sachliche Reichweite des Art. 91c Abs. 5 GG war im Gesetzgebungsverfahren zwischen Bund und Ländern weitgehend unstrittig (strittig war die Reichweite der Mitwirkungsrechte des Bundesrats). Uneinigkeit bestand dagegen hinsichtlich der Einbeziehung auch der **Kommunen** in Art. 91c Abs. 5 GG und das Onlinezugangsgesetz. Ihrem **Wortlaut** nach beschränken sich sowohl Art. 91c Abs. 5 als auch das Onlinezugangsgesetz auf einen Portalverbund von **Bund und Ländern**. In den Gesetzesbegründungen der **Bundesregierung** kommt allerdings unmissverständlich zum Ausdruck, dass der Portalverbund gerade **auch die kommunale Ebene** umfassen soll, zumal hier die meisten Verwaltungsleistungen angeboten werden (BT-Drs. 18/11131 vom 13.2.2017, S. 9, 16 f; BT-Drs. 18/11135 vom 10.2.2017, S. 5, 91 ff.).

Der **Bundesrat** hat dieser Auslegung allerdings in seiner Stellungnahme zu den Gesetzentwürfen **ausdrücklich widersprochen** und hierbei unter anderem auf das Aufgabenübertragungsverbot des Art. 84 Abs. 1 Satz 7 GG hingewiesen (BR-Drs. 769/16 vom 10.2.17, S. 8; BR-Drs. 814/16 vom 10.2.2017, S. 25). Die Bundesregierung hat in ihrer Gegenäußerung wiederum die Auffassung vertreten, Art. 84 Abs. 1 Satz 7 GG sei schon deswegen nicht berührt, da auf Grundlage von Art. 91c Abs. 5 GG und durch das Onlinezugangsgesetz keine neuen Aufgaben auf die Gemeinden übertragen würden, sondern nur Modalitäten der Aufgabenwahrnehmung geregelt würden (BT-Drs. 18/11185, zu Drucksache 18/11135 vom 15.2.2017, S. 6).

Da sich im Gesetzgebungsverfahren **gegenläufige Interpretationen** von Bundesregierung und Bundesrat gegenüberstehen, dürfte hinsichtlich der Anwendbarkeit des Art. 91c Abs. 5 GG und des Onlinezugangsgesetzes auf die Kommunen bis auf Weiteres **Rechtsunsicherheit** bestehen. **Der Zweck des Art. 91c Abs. 5 GG spricht für eine grundsätzliche Anwendbarkeit der Norm auch auf die Kommunen**. Die Auffassung der Bundesregierung, Art. 91c Abs. 5 GG gestatte künftig eine einfachgesetzliche Verpflichtung der Kommunen zur Online-Bereitstellung aller „Verwaltungsleistungen" (auch beim Vollzug von Landesrecht und sogar im eigenen Wirkungskreis, § 2 Abs. 3 OZG sieht hier keine Beschränkung vor) einschließlich „einheitlicher Vorgaben für IT-Anwendungen, die Kommunikation und die Sicherheit" (vgl. BT-Drs. 18/11131 vom 13.2.2017; S. 9, 16 f) erscheint allerdings nicht nur mit Blick auf **Art. 84 GG** (hierzu *Schallbruch*, CR-online.de Blog vom 7.6.2017, a.a.O.), sondern auch mit Blick auf die **kommunale Selbstverwaltungsgarantie des Art. 28 GG** als zweifelhaft.

IV. Wesentliche Regelungen des Onlinezugangsgesetzes

Das Gesetz zur Verbesserung des Onlinezugangs zu Verwaltungsleistungen dient der einfachgesetzlichen Umsetzung des Bund-Länder-Beschlusses vom 14.10.2016. Hauptziel ist es, den elektronischen Gang zur Behörde unkompliziert und sicher zu gestalten. Hierfür werden Verwaltungsportale auf Bundes- und Landesebene weiter auf- und ausgebaut und zu einem Portalverbund zusammengeschlossen (vgl. BT-Drs. 18/11135 vom 10.2.2017, S. 5, zu den Kommunen siehe oben III. 4.).

Bürgerinnen, Bürger und Unternehmen sollen von einem beliebigen Verwaltungsportal aus auf alle onlinefähigen Verwaltungsleistungen zugreifen können. Darüber hinaus sollen die bislang heterogenen IT-Strukturen bei Verwaltungsleistungen von Bund und Ländern sukzessive interoperabel gestaltet werden (vgl. BT-Drs. 18/11135 vom 10.2.2017, S. 5, 91 ff.).

1. Anwendungsbereich des OZG

Der Anwendungsbereich des OZG war **lange umstritten**, insbesondere was die Anwendung auf **Kommunen** und „sonstige juristische Personen des öffentlichen Rechts" (Kammern, Hochschulen etc.) anging.

Hier hat der Gesetzgeber mit dem OZG 2.0. Klarheit geschaffen. § 1 Abs. 1 OZG legt nunmehr ausdrucklich fest, dass das OZG gilt

- für Verwaltungsleistungen der öffentlichen Stellen
- des Bundes einschließlich der bundesunmittelbaren Körperschaften, Anstalten und Stiftungen des öffentlichen Rechts,
- der Länder, **einschließlich der Gemeinden, Gemeindeverbände und der sonstigen der Aufsicht des Landes unterstehenden juristischen Personen des öffentlichen Rechts**.

Hinweise

Die **Aufnahme der Kommunen** in den einfachgesetzlichen Anwendungsbereich des OZG über § 1 Abs. 1 OZG findet ihre verfassungsrechtliche **Grundlage und Grenze in Art. 91c Abs. 5 OZG**. Nach den Ausführungen oben zu III.4 ist die Anwendung des OZG auf Kommunen **grundsätzlich verfassungskonform**, im Einzelfall aber an der Garantie der kommunalen Selbstverwaltung bzw. am Aufgabenübertragungsverbot des Art. 84 Abs. 1 Satz 7 GG zu messen.

Für die „Tätigkeit der **Gerichtsverwaltungen** und der Behörden der **Justizverwaltung** einschließlich der ihrer Aufsicht unterliegenden Körperschaften des öffentlichen Rechts“ legt **§ 1 Abs. 2 OZG** fest, dass das Gesetz nur gilt, „soweit die Tätigkeit der **Nachprüfung durch die Gerichte der Verwaltungsgerichtsbarkeit** oder der Nachprüfung durch die in verwaltungsrechtlichen Anwalts-, Patentanwalts- und Notarsachen zuständigen Gerichte unterliegt.

2. Verpflichtung zur Online-Bereitstellung von Verwaltungsleistungen über einen Portalverbund gem. § 1a OZG

§ 1a OZG enthält eine sehr weitgehende **Verpflichtung von Bund und Ländern**, grundsätzlich sämtliche **Verwaltungsleistungen online über Verwaltungsportale** anzubieten (Abs. 1) und diese Verwaltungsportale über einen **Portalverbund zu verknüpfen** (Abs. 2). Auf eine Fristsetzung verzichtet der Gesetzgeber mit der OZG 2.0. Novelle von 2024 bewusst. Die mit ihrem Ablauf Ende 2022 ohnehin gegenstandslose **5-Jahres-Frist des § 1 Abs. 1 OZG a. F.** wurde ersatzlos gestrichen. Damit ist Verwaltungsdigitalisierung im Sinne des OZG nunmehr eine **Daueraufgabe.**

Die Verpflichtung umfasst **alle Verwaltungsleistungen** sämtlicher Behörden von Bund und Ländern, Kommunen und „sonstigen juristischen Personen des öffentlichen Rechts“ (siehe oben IV. 1).

Mit **§ 1a Abs. 2** wurde im OZG erstmals auch ein **subjektives Recht auf Bereitstellung digitaler Verwaltungsleistungen des Bundes** (also von Bundesbehörden) geschaffen. Damit folgt der Bund hier dem Vorbild Bayerns, das ein solches klagbares Recht bereits seit 2015 kennt. Aufgrund der in § 1a Abs. 2 OZG enthaltenen Übergangsfrist besteht der Rechtsanspruch erst mit Ablauf des Jahres 2028.

Unter Verwaltungsleistungen sind gem. § 2 Abs. 3 OZG **„die elektronische Abwicklung von Verwaltungsverfahren und die dazu erforderliche elektronische Information des Nutzers und Kommunikation mit dem Nutzer über allgemein zugängliche Netze“** zu verstehen. Die Pflicht besteht dabei ohne Einschränkungen, etwa unter dem Gesichtspunkt der Zweckmäßigkeit oder der Wirtschaftlichkeit. Vielmehr besteht eine Grenze nur, wo eine elektronische Bereitstellung über Portale „objektiv unmöglich“ ist (Die ursprüngliche Einschränkung auf „geeignete“ Leistungen wurde im Gesetzgebungsverfahren gestrichen, vgl. BT-Drs. 18/12589 vom 31.5.2017, S. 161).

Nach dem Wortlaut des § 1 Abs. 1 und des § 2 Abs. 3 OZG bleibt unklar, ob die Pflicht zur Zugänglichmachung über Portale nur bereits ohnehin „elektronisch abgewickelte Verwaltungsverfahren“ (vgl. Legaldefinition des § 2 Abs. 3) oder auch bisher rein analog durchgeführte Verfahren betrifft (hierfür spricht die Begründung, BT-Drs. 18/11135 vom 10.2.2017, S. 91, 92). Auch hier spricht der **Sinn und Zweck der Norm** klar für eine weite Auslegung des Begriffs und damit für die Anwendung gerade auch auf **bisher rein analog durchgeführte Verfahren.**

Um einen Gebietskörperschaften-übergreifenden informationstechnischen Zugang zu allen Verwaltungsleistungen herzustellen, sind die Portale von Bund und Ländern gem. § 1 Abs. 2 OZG elektronisch miteinander zu verknüpfen und die bereits bestehenden und noch zu schaffenden elektronisch abzuwickelnden Verwaltungsleistungen der Verwaltungsportale auch über den Portalverbund zugänglich zu machen. Auch Fachportale des Bundes für Verwaltungsleistungen können bestehen bleiben, und werden über das Bundesportal mit dem Portalverbund verknüpft (BT-Drs. 18/11135 vom 10.2.2017, S. 91).

Unklar bleibt allerdings, was konkret unter einem **„Zugang"** zu dem **„Angebot"** der Verwaltung zu verstehen ist, der über den Portalverbund vermittelt werden soll (vgl. § 2 Abs. 1 und Abs. 2 OZG, siehe auch BT-Drs. 18/11135 vom 10.2.2017, S. 91, 92). Diese Unschärfe mag der Gesetzgeber aber durchaus bewusst in Kauf genommen haben, da in § 4 bzw. § 6 OZG die Möglichkeit besteht, durch Rechtsverordnung bestimmte „IT-Komponenten" für elektronische Verwaltungsverfahren bzw. bestimmte „Kommunikationsstandards" für den Portalverbund durch Rechtsverordnung festzulegen (siehe unten IV. 2 und IV. 4).

3. Nutzerkonten: Zentrales Bürgerkonto und zentrales Organisationskonto

Für einen funktionsfähigen Portalverbund ist ein möglichst einheitliches Nutzerkonto (oder zumindest die gegenseitige Anerkennung der Nutzerkonten des Verbunds) unverzichtbar. § 3 OZG zielt (i. V. m. § 8 OZG) vor diesem Hintergrund darauf, dass Bürger und Unternehmen die Leistungen des Portalverbundes jeweils **mit einem einzigen Nutzerkonto** in Anspruch nehmen können. Online-Angebote der Verwaltung sollen auf diese Weise direkt, schnell, einfach und sicher genutzt werden können. Das Auffinden von und der Zugang zu Online-Angeboten der Verwaltung sollen in transparenter und einfach verständlicher Weise, mit wenigen Zwischenschritten, verwaltungsebenenübergreifend sowie medienbruch- und barrierefrei möglich werden (BT-Drs. 18/11135 vom 10.2.2017, S. 5).

Gem. § 3 OZG müssen die im Portalverbund angebotenen Verwaltungsleistungen über Nutzerkonten abrufbar sein. Gem. § 2 Abs. 5 OZG ist ein Nutzerkonto eine IT-Komponente zur **Identifizierung und Authentisierung** des Nutzers. Das Nutzerkonto umfasst gem. § 2 Abs. 7 OZG auch ein **Postfach.**

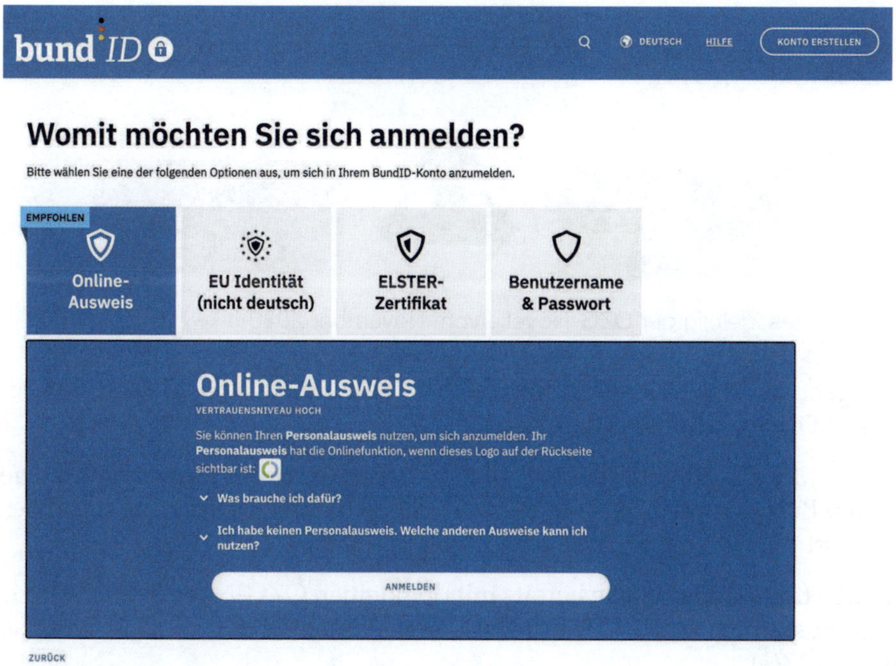

Abb. 3: Nutzerkonto Bund

Das Nutzerkonto soll sicherstellen, dass die für die Inanspruchnahme der Verwaltungsleistung erforderlichen **Daten nicht jedes Mal aufs Neue** eingegeben werden müssen. Abhängig von der für die einzelne Leistung erforderlichen Vertraulichkeit und Sicherheit soll eine sichere Authentifizierung mit einer Benutzername-Passwort-Kombination oder mit der eID-Funktion des Personalausweises oder des elektronischen Aufenthaltstitels vorgenommen werden, wobei die besonderen Anforderungen einzelner Verwaltungsleistungen an die Identifizierung ihrer Nutzer berücksichtigt werden (BT-Drs. 18/11135 vom 10.2.2017, S. 5).

Das Nutzerkonto soll über ein Nachrichtenpostfach **auch die elektronische Kommunikation** mit der jeweils zuständigen Behörde ermöglichen. Ein entsprechendes Verfahren zur Bekanntgabe von elektronischen Verwaltungsakten im Wege eines Datenabrufs durch Bereitstellung in einem Verwaltungsportal besteht ab dem 1.1.2017 beispielsweise mit § 41 Absatz 2a VwVfG (BT-Drs. 18/11135 vom 10.2.2017, S. 5; in Bayern Art. 24 BayDiG, zur Vorgängervorschrift des Art. 6 Abs. 4 BayEGivG siehe: *Denkhaus/Geiger*, Bayerisches E-Government-Gesetz, 2016, Art. 6, Rn. 12 ff.). Allerdings kann nur mit einer verbesserten Steuerung ein signifikanter Fortschritt beim Onlinezugang zu Verwaltungsleistungen erreicht werden. Daher sollen elektronisch angebotene Verwaltungsleistungen künftig auf der Grundlage dieses Gesetzes auf elektronischem Wege einfach und sicher zu erreichen sein (BT-Drs. 18/11135 vom 10.2.2017, S. 6).

§ 8 OZG regelt ergänzend insbesondere, welche **personenbezogenen Daten** im Rahmen eines Nutzerkontos gespeichert und verarbeitet werden dürfen (vgl. BT-Drs. 18/11135 vom 10.2.2017, S. 94).

Beim Nutzerkonto unterscheidet das Gesetz seit der kleinen OZG-Novelle 2020 zwischen **Bürger- und Organisationskonten**. Damit trägt der Gesetzgeber den besonderen Bedarfen von Unternehmen und juristischen Personen Rechnung, etwa wenn es um Vertretungsregeln oder Organisationszertifikate für eine Vielzahl von Mitarbeitern geht.

Abb. 4: Erweitertes Zielbild der OZG-Novelle vom November 2020

Das OZG geht seit der OZG-Novelle von 2024 einheitlich vom **Modell der zentralen Bürger- und Organisationskonten** aus.

Nach § 3 Abs. 1 OZG 2024 stellt der Bund ein zentrales Bürgerkonto bereit. Die bisher bestehenden Bürgerkonten der Länder werden nach einer Übergangsfrist abgeschaltet (vgl. § 12 Abs. 1 OZG).

Das **Organisationskonto** wurde bereits mit der kleinen OZG-Novelle 2020 **als zentrales Unternehmenskonto** vom IT-Planungsrat beschlossen und im OZG verankert (vgl. Art. 3 Abs. 2 OZG).

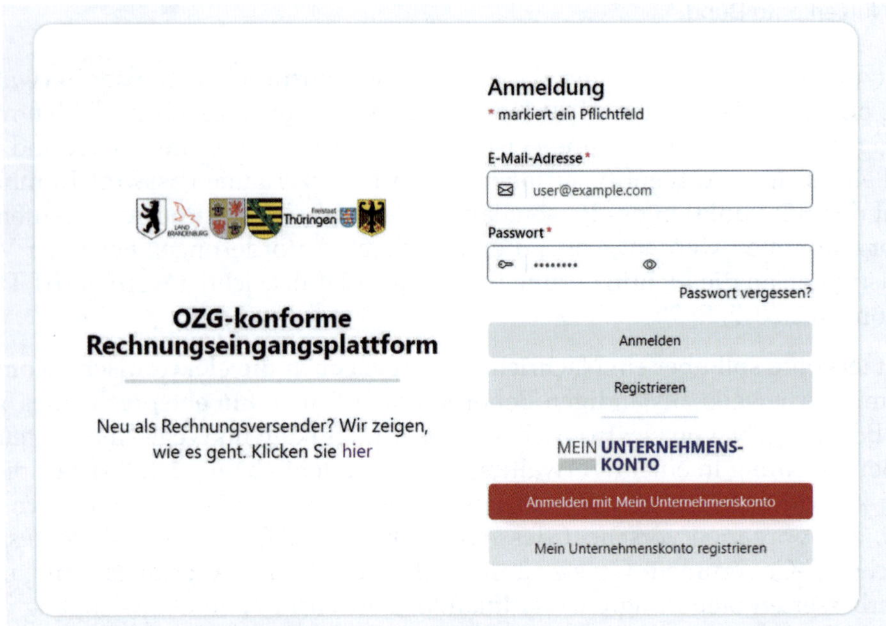

Abb. 5: Zentrales Unternehmenskonto

4. Elektronische Abwicklung von Verwaltungsverfahren

Für die elektronische Abwicklung von Verwaltungsverfahren, die der Durchführung unmittelbar geltender Rechtsakte der Europäischen Union oder der Ausführung von Bundesgesetzen dienen, wird die Bundesregierung gem. § 4 Abs. 1 Satz 1 OZG ermächtigt, im Benehmen mit dem IT-Planungsrat durch Rechtsverordnung ohne Zustimmung des Bundesrates die **Verwendung bestimmter IT-Komponenten** nach § 2 Absatz 6 verbindlich vorzugeben. In der Rechtsverordnung kann auch die Verwendung von IT-Komponenten geregelt werden, die das jeweils zuständige Bundesministerium bereitstellt (vgl. BT-Drs. 18/11135 vom 10.2.2017, S. 93).

Der Begriff der IT-Komponenten wird in § 2 Absatz 6 OZG reichlich weit und unbestimmt definiert als „IT-Anwendungen, Basisdienste, digitale Werkzeuge und die elektronische Realisierung von Standards, Schnittstellen und Sicherheitsvorgaben, die für die Anbindung an den Portalverbund, für den Betrieb des Portalverbundes und für die Abwicklung der Verwaltungsleistungen im Portalverbund erforderlich sind". Nach § 2 Abs. 7 zählen zudem ganz konkret auch *Postfächer* zu den IT-Komponenten.

Deutlich konkreter als § 2 Abs. 6 ist auch die mit der OZG-Novelle 2024 neu in Art. 2 Abs. 8 eingeführte ergänzende und erweiternde Definition von **Online-Diensten als IT-Komponenten.**

Ein „Online-Dienst" ist demnach „eine IT-Komponente", die

- ein eigenständiges elektronisches Angebot an die Nutzer darstellt,
- welches die Abwicklung einer oder mehrerer elektronischer Verwaltungsleistungen von Bund oder Ländern ermöglicht.
- Der Online-Dienst dient dem elektronischen Ausfüllen der Online-Formulare für Verwaltungsleistungen von Bund oder Ländern,
- der Offenlegung dieser Daten an die zuständige Fachbehörde („*Hinkanal*")
- sowie der Übermittlung elektronischer Dokumente und Informationen zu Verwaltungsvorgängen an die Nutzer („*Rückkanal*"),
- gegebenenfalls unter Einbindung von Nutzerkonten einschließlich deren Funktion zur Übermittlung von Daten aus einem Nutzerkonto an eine für die Verwaltungsleistung zuständige Behörde („*Verknüpfung von Online-Dienst mit dem Nutzerkonto*").
- Der Online-Dienst kann auch verfahrensunabhängig und länderübergreifend, insbesondere in der Verantwortung einer Landesbehörde zur Nutzung durch weitere Länder, bereitgestellt werden.

Mit der 2024 neu eingeführten Definition von Online-Diensten als IT-Komponenten verfolgt der Bund im Wesentlichen den Zweck, den Ländern künftig per Rechtsverordnung gem. § 4 OZG ohne Zustimmung des Bundesrates einzelne **EfA-Dienste zur Nachnutzung verbindlich vorzugeben.** Die Vorschrift war im Gesetzgebungsverfahren zum OZG 2.0. bis zuletzt umstritten.

Sie wirft in dreifacher Hinsicht **verfassungsrechtliche Fragen** auf:

- Mit Blick auf die Verwaltungszuständigkeit der Länder **Art. 84 Abs. 1 Satz 1 und 2 GG** ist fraglich, ob der Bund den Ländern überhaupt die komplette digitale Abwicklung von Verwaltungsverfahren im Hin- und Rückkanal in einem bestimmten vom Bund gesetzlich vorgegebenen technischen Verfahren vorgeben kann.
- Mit Blick auf die **Garantie der kommunalen Selbstverwaltung gem. Art. 28 Abs. 2 GG** ist weiter fraglich, ob der Bund insbesondere auch den Kommunen die vorstehend genannten Verpflichtungen durch Bundesverordnung aufgeben kann.
- Wenn unterstellt wird, dass die Ausdehnung der Verordnungsermächtigung des § 4 OZG auch auf EfA-Online-Dienste auf Art. 91c Abs. 5 GG gestützt werden kann, sind die verfassungsrechtlichen Folgeprobleme noch keineswegs gelöst. Vielmehr stellt sich gerade dann die Frage nach dem Verhältnis von Art. 91c Abs. 5 zu den

Kompetenzen des IT-Planungsrats auf Grundlage von Art. 91c Abs. 1 und 2 GG: Kann der IT-Planungsrats im Bereich EfA dann überhaupt noch Beschlüsse fassen bzw. EfA-Dienste finanzieren?

Abb. 6: Das EfA-Prinzip

Die weitreichende, 2024 auch auf EfA-Online-Dienste erweiterte Rechtsetzungsbefugnis des Bundes gilt allerdings nicht schrankenlos. Sie wird vielmehr durch eine einfachgesetzlich normierte **Abweichungskompetenz der Länder** wieder etwas eingefangen. Die Länder können gem. § 4 Abs. 1 Satz 3 OZG von den in der Rechtsverordnung getroffenen Regelungen durch Landesrecht abweichen, soweit sie für den Betrieb im Portalverbund geeignete IT-Komponenten bereitstellen (vgl. BT-Drs. 18/11135 vom 10.2.2017, S. 93). Von daher lässt das OZG an dieser Stelle weiterhin gewisse Spielräume für einen föderativen Wettbewerb um beste Lösungen im Bereich der digitalen Verwaltung. Insbesondere können die Länder auch von Bundesvorgaben zur Nachnutzung von EfA-Online-Diensten abweichen, wenn sie einen vergleichbaren Online-Dienst auf Landesebene bereitstellen.

Ergänzend zu § 4 OZG hat der Bundesgesetzgeber in **§ 6 EGovG Bund** eine neue Regelung zur **Ende-zu-Ende-Digitalisierung von Verwaltungsleistungen** geschaffen.

Gem. Art. 6 Abs. 1 muss der Bund bis Ende 2029 alle wesentlichen Verwaltungsleistungen des Bundes durchgängig digital, also inklusive Fachverfahren bereitstellen. Gem. Art. 6 Abs. 2 kann der Bund durch Rechtsverordnung mit Zustimmung des Bundesrates beim Vollzug von Bundesrecht auch **die Länder (bzw. die Kommunen) zur Ende-zu Ende-Digitalisierung verpflichten.**

§ 6 Abs. 2 ist im Vergleich zu § 4 OZG einerseits die noch einmal **deutlich kosten- und eingriffsintensivere** und in der Umsetzung aufwendigere Regelung, da sie gerade nicht auf das Frontend zum Bürger beschränkt ist.

Zum Ausgleich ist die Regelung aber in **der Umsetzung deutlich milder gefasst** als § 4 OZG.

Die Verordnung kann

- vom Bund nur mit **Zustimmung des Bundesrates** ausgeübt werden.

- Sie enthält keinerlei Vorgaben zur Nachnutzung eines bestimmten technischen Angebots (**kein EfA-Prinzip**).
- Schließlich können die Länder von der Verordnung abweichen, ohne eine Alternativlösung bereitzustellen (**unbedingte Abweichungsbefugnis**).

Hinweise:

Bisher gibt es **keine Bundesverordnungen nach § 4 OZG oder § 6 EGovG**. Damit stellt sich bisher auch die Frage der „zwangsweisen“ Nachnutzung von EfA-Online-Diensten oder zur zwangswisen Ende-Zu-Ende-Digitalisierung für Behörden in Bayern nicht.

Rechtlich und praktisch ist die künftige **Umsetzung eines vom Bund zentral vorgegebenen Online-Dienstes in Bayern** bzw. die **Abweichung von der Nachnutzung** gesetzlich bereits im Digitalgesetz adressiert.

1) EfA-Online-Dienste oder bayerische Alternativen können einerseits gem. **Art. 37 Abs. 3 Satz 3 BayDiG** als **Basisdienste oder zentrale Dienste** durch Bekanntmachung des Bayerischen Staatsministeriums für Digitales im Einvernehmen mit dem Bayerischen Staatsministerium der Finanzen und Heimat **verbindlich** für die Behörden in Bayern festgelegt werden.

2) Alternativ können EfA-Online-Dienste oder bayerische Alternativen auch gem. **Art. 19 i. V. m. Art. 57 Abs. 1 Nr. 5 BayDiG** durch Rechtsverordnung der Staatsregierung als Online-Dienst für ein digitales Verwaltungsverfahren verbindlich für alle Behörden in Bayern vorgegeben werden.

Die beiden Varianten stehen dem Freistaat **auch bei der Abweichung von** einer Bundesverordnung nach **§ 6 Abs. 2 EGovG** zur Verfügung.

5. IT-Sicherheitsstandards

Durch den Portalverbund werden ein einheitlicher Zugang zu Verwaltungsverfahren der verschiedenen Verwaltungsebenen und -behörden und eine elektronische Abwicklung von Verwaltungsverfahren mithilfe von IT-Komponenten ermöglicht. Ein **unzureichendes Sicherheitsniveau oder Sicherheitslücken** in einem dieser IT-Komponenten können daher **über den Portalverbund die Sicherheit aller beteiligten Verwaltungseinrichtungen**, der genutzten **Verwaltungsnetze** und der in den **Verfahren** bearbeiteten Daten beeinträchtigen. Aufgrund der Vernetzung besteht darüber hinaus das Risiko, dass Angriffe oder Bedrohungen die **Handlungsfähigkeit der Verwaltung insgesamt** gefährden (BT-Drs. 18/11135 vom 10.2.2017, S. 93).

Gemäß § 5 OZG werden die zur Gewährleistung der IT-Sicherheit erforderlichen Standards für die im Portalverbund und für die zur Anbindung an den Portalverbund genutzten IT-Komponenten **einheitlich durch Rechtsverordnung des Bundesministeriums des Innern ohne Zustimmung des Bundesrates** festgelegt. Die technisch-organisatorischen Standards des § 9 BDSG sind vom Verordnungsgeber zu berücksichtigen. Die Einhaltung der Standards der IT-Sicherheit ist für alle Stellen verbindlich, die entsprechende IT-Komponenten nutzen. Von den in der Rechtsverordnung getroffenen Regelungen kann **durch Landesrecht nicht abgewichen** werden (vgl. Art. 84 Abs. 1 Satz 4 und 5 GG).

§ 5 OZG ist der bisher (Stand 1.8.2024) einzige Fall, in dem der Bund von seinen Verordnungsbefugnissen aus den §§ 4 bis 6 OZG auch praktisch Gebrauch gemacht hat.

Die **Verordnung zur Gewährleistung der IT-Sicherheit der im Portalverbund und zur Anbindung an den Portalverbund genutzten IT-Komponenten** (IT-Sicherheitsverordnung Portalverbund – ITSiV-PV) vom 6.1.2022 enthält vergleichsweise detaillierte Vorgaben für die IT-Sicherheit im Portalverbund, die sich am **BSI-Grundschutz** orientieren.

Abb. 7: IT-Grundschutz als Standard im Portalverbund

Für die Behörden in Bayern haben das StMD und das StMFH mit der gemeinsamen Bekanntmachung zu „Festlegung der Zuständigkeitsbereiche und Verfahren nach der IT-Sicherheitsverordnung Portalverbund (BekBayITSiV-PV)" vom 11.9.2023 (BayMBl. 2023 Nr. 497 11. Oktober 2023) ausführende Bestimmungen zum Anwendungsbereich der ITSiV-PV in Bayern getroffen. Nach der o.g. Bekanntmachung ist § 2 der VO im Ergebnis **nur auf IT-Komponenten anwendbar, die vom Freistaat Bayern zentral betrieben werden**.

Damit findet die ITSiV-PV auf staatliche und kommunale Behörden in Bayern im Übrigen keine Anwendung (siehe: https://www.verkuendung-bayern.de/files/baymbl/2023/497/baymbl-2023-497.pdf).

6. Kommunikationsstandards im Portalverbund

Potenziell besonders weitreichend und zugleich bemerkenswert unbestimmt sind die Regelungen zu den „Kommunikationsstandards" in § 6 OZG. Unter dem **nicht legal definierten und hochgradig unbestimmten Begriff** des „Kommunikationsstandards" können laut Gesetzgebung alle Standards fallen, die erforderlich sind, um Interoperabilität und intelligente Verknüpfung, aber auch die Umsetzung von „Architekturvorgaben" oder die Abstimmung von „Anbindungs- und Abwicklungskomponenten" zu gewährleisten. Für die **generelle**, von einzelnen konkreten Verwaltungsverfahren unabhängige, **Kommunikation** zwischen den im Portalverbund genutzten informationstechnischen Systemen legt das Bundesministerium des Innern gem. § 6 Abs. 1 OZG im Benehmen mit dem IT-Planungsrat durch Rechtsverordnung ohne Zustimmung des Bundesrates die technischen Kommunikationsstandards fest (vgl. BT-Drs. 18/11135 vom 10.2.2017, S. 94).

Für die **Anbindung von einzelnen Verwaltungsverfahren**, die der Ausführung von **Bundesgesetzen** dienen, an die im Portalverbund genutzten informationstechnischen Systeme legt gem. § 6 Abs. 2 OZG das für das jeweilige Bundesgesetz zuständige Bundesministerium im Einvernehmen mit dem Bundesministerium des Innern durch Rechtsverordnung ohne Zustimmung des Bundesrates die technischen Kommunikationsstandards fest. Mit dem IT-Planungsrat setzt sich das Bundesministerium des Innern lediglich ins Benehmen (vgl. BT-Drs. 18/11135 vom 10.2.2017, S. 94).

Für die Anbindung von informationstechnischen Systemen, die der **Ausführung sonstiger Verwaltungsverfahren** (also beim Vollzug von Landesgesetzen, aber z. B. auch von kommunalem Satzungsrecht) dienen, an die im Portalverbund genutzten informationstechnischen Systeme legt das Bundesministerium des Innern gem. § 6 Abs. 3 OZG im Benehmen mit dem IT-Planungsrat durch Rechtsverordnung ohne Zustimmung des Bundesrates die technischen Kommunikationsstandards fest (vgl. BT-Drs. 18/11135 vom 10.2.2017, S. 94).

Auch von den in den Rechtsverordnungen nach § 6 Abs. 1 bis 3 OZG getroffenen Regelungen kann durch Landesrecht nicht abgewichen werden (§ 6 Abs. 4 OZG).

V. Die Umsetzung des Onlinezugangsgesetzes

Mit der Verabschiedung des OZG stellte sich die Frage nach der OZG-Umsetzung in dem urspünglich gesetzlich vorgebenen ambitionierten Zeitplan bis Ende 2022. Das OZG selbst folgte einem vergleichsweise einfachen Regelungsmechanismus. Der Gesetzgeber sollte im OZG nur relativ allgemeine rechtliche Zielvorgaben niederlegen. Alle Details technischer Art sollten durch ein **System von Rechtsverordnungen** festgelegt werden (**siehe oben I.1**).

1. Gestufte föderale Umsetzung des OZG

Dieses „hierarchische" Steuerungsmodell erwies sich aber angesichts der Komplexität föderaler Realitäten als nicht sinnvoll umsetzbar. Es würde daher durch **ein gestuftes, föderales System** von

- **bund- und länderübergreifender,**
- **bundesbezogener und**
- **landesbezogener**

Umsetzungsplanung ersetzt.

Als gemeinsame Grundlage der föderalen Umsetzung musste zunächst eine **Bestandsaufnahme aller Verwaltungsleistungen** auf den Ebenen von Bund, Ländern und Kommunen erfolgen. Die Ergebnisse dieser vom BMI in Auftrag gegebenen Bestandsaufnahme wurden zunächst in einem sog. OZG-Umsetzungskatalog erfasst und dann in eine OZG-Informationsplattform überführt.

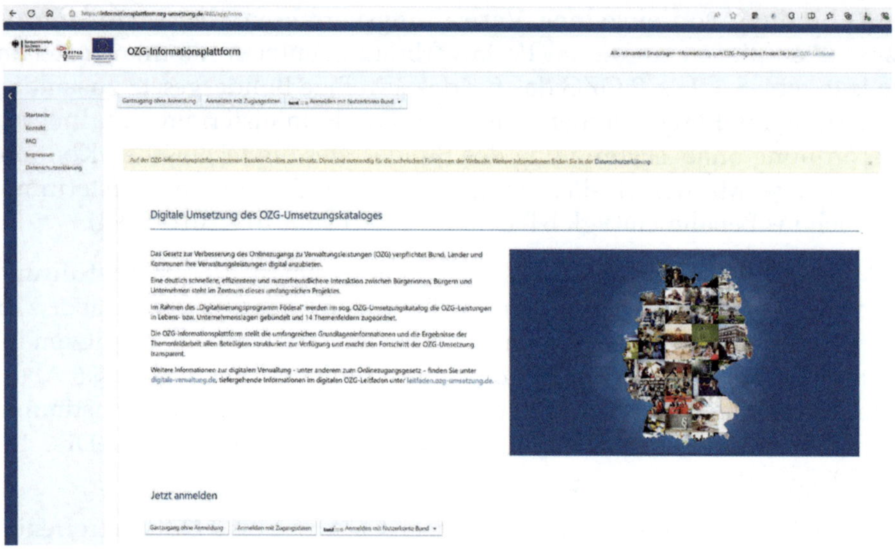

Abb. 8: OZG-Umsetzungskatalog und OZG-Informationsplattform

2. OZG-Umsetzungskatalog und OZG-Themenfelder

Als Basis für die Bestandausfnahme sämtlicher OZG relevanter Verwaltungsleistungen in Deutschland diente der „Leistungskatalog der öffentlichen Verwaltung“ (kurz: LeiKa), ein umfassendes Verzeichnis der deutschen Verwaltungsleistungen über alle Verwaltungsebenen hinweg. Im Ergebnis wurden mehr als 6 000 zur Digitalisierung vorgesehenen Verwaltungsleistungen aus dem Leistungskatalog in den OZG-Umsetzungskatalog überführt. Da die OZG-Umsetzung dynamisch ist, ist diese Zahl allerdings nicht statisch, sondern variiert (https://www.digitale-verwaltung.de/Webs/DV/DE/onlinezugangsgesetz/ozg-grundlagen/info-leistungen/info-leistungen-node.html).

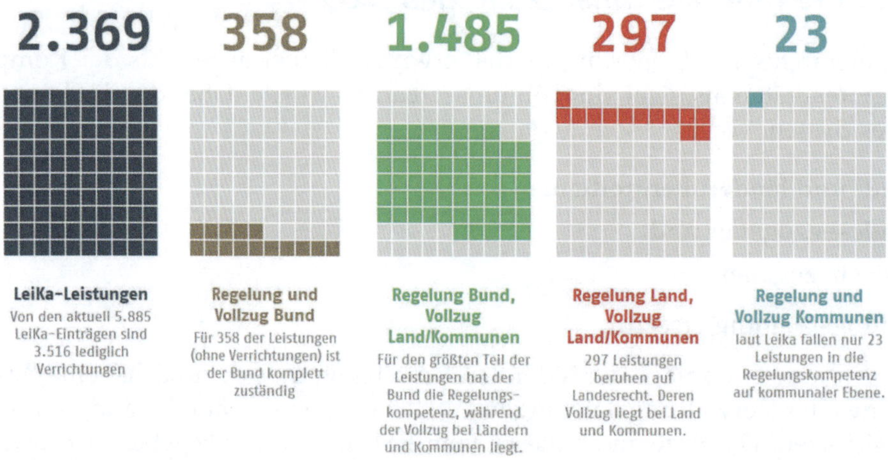

Abb. 9: Leika-Leistungen

Die mehr als 6 000 LeiKa-Leistungen wurden zu **575 Leistungsbündeln**, den sogenannten **OZG-Leistungen**, zusammengefasst. Die OZG-Leistungen (sprich „Leistungsbündel“) können aus bis zu Hunderten von Einzelverwaltungsleistungen bestehen, die sich unterschiedlichen Leistungskatalog-Typen zuordnen lassen.

Abb. 10: 575 OZG-Leistungen (Leistungsbündel)

Die voranstehende Abbildung unterscheidet zwischen verschiedenen Leistungstypen. **Typ 1** Leistungen liegen vor, wenn Regelung und Vollzug beim Bund liegen. **Typ 2/3-** Leistungen sind zwar durch den Bund gesetzlich geregelt, werden aber von den Ländern vollzogen. Typ **4/5-**Leistungen werden in Ländern und Kommunen gesetzlich geregelt und auch vollzogen.

Zur praktischen Umsetzung der insgesamt 575 OZG-Leistungsbündel wurden insgesamt 14 Themenfelder eingerichtet. Im Rahmen dieser **Themenfelder** wurde die Konzeption und Umsetzung von Onliniediensten jeweils von einzelnen Themenfeldführern verantwortet (Bund oder Land) und in Zusammenarbeit einer Mehrzahl von Ländern durchgeführt.

STAND 05.10.2020

Die Umsetzung der OZG-Leistungen erfolgt in 14 Themenfeldern

Nur einzelne Lebens-/Geschäftslagen oder einzelne Leistung(en)

Themenfelder	Bund	Übergreifende Koordination (FF/MA)[1]	Einzelthemen (FF/MA)	
Arbeit & Ruhestand	BMAS	NW (FF), HE (MA)	SH (MA)	BLK Justiz (MA)
Bauen & Wohnen	BMI	MV (FF), BY (MA), HE (MA), HH (MA), RP (MA)	BW (MA)	BLK Justiz (MA)
Bildung	BMBF	ST (FF), RP (MA)	BY (MA), NW (MA)	DSt (MA)
Ein- & Auswanderung	AA	BB (FF), BY (MA), HE (MA), NW (MA)	SH (MA[2]), BW (MA[2])	BLK Justiz (MA)
Engagement & Hobby	BMI	KSV (FF), NW (FF), SH (MA)		
Familie & Kind	BMFSFJ	HB (FF), SL (MA)	HH (MA), HE (MA), NW (MA)	BLK Justiz (MA)
Forschung & Förderung	BMI	BY (FF), SN (MA)		
Gesundheit	BMG	NI (FF)	NW (FF)	BLK Justiz (MA)
Mobilität & Reisen	BMVI	HE (FF), BW (FF)	BY (MA), NW (MA)	BLK Justiz (MA), Vitako (MA)
Querschnitt	BMI	BE (FF), BB (MA), HH (MA), TH (MA)	BY (MA)	BLK Justiz (MA)
Recht & Ordnung	BMJV	SN (FF)	BY (MA)	BLK Justiz (MA)
Steuern & Zoll	BMF	HE (FF), TH (MA)	BY (MA), HH (MA), NW (MA), BW (MA)	
Umwelt	BMU	SH (FF), RP (FF)	BY (MA)	
Unternehmensführung & -entwicklung	BMWi	HH (FF), HB (MA), NW (MA)		

1 FF = Federführung; MA = Mitarbeit 2 Unterstützung durch Fachreferate

Abb. 11: Themenfelder

3. OZG-Umsetzungsgremien

Als föderales Projekt sind die Gremienstrukturen der OZG-Umsetzung praktisch beliebig kompliziert. Das Zusammenspiel ganz unterschiedlicher Akteure und Entscheidungsgremien wird gern mit dem inzwischen sehr bekannten **„OZG-Wimmelbild"** dargestellt, das der Normenkontrollrat im Jahr 2022 entworfen hat.

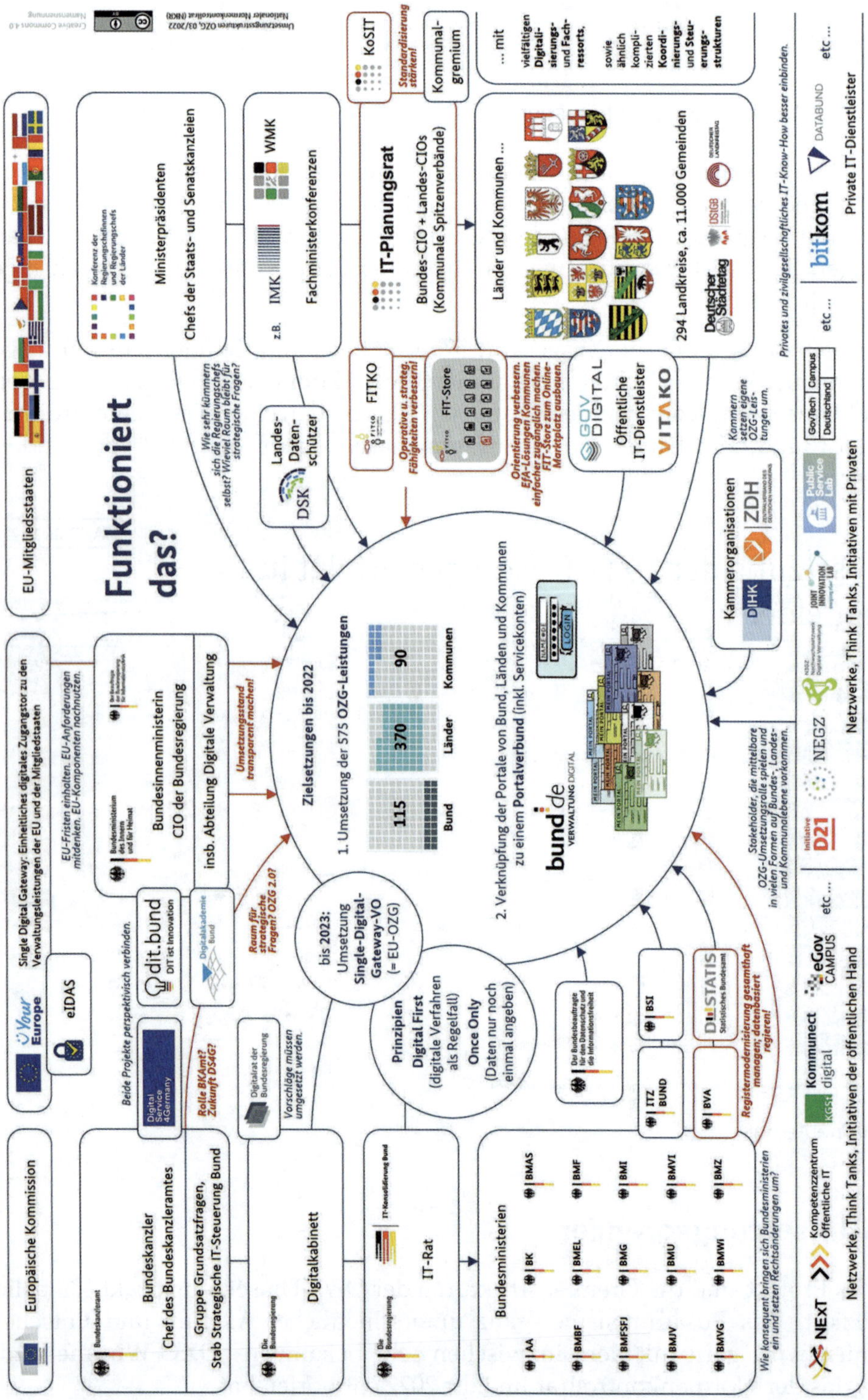

Abb. 12: OZG-Umsetzungsgremien

Trotz der Vielzahl der Stakeholder liegt das eigentliche föderale Organisationszentrum der OZG-Umsetzung dennoch eindeutig beim **IT-Planungsrat.**

Alle wichtigen Entscheidungen der OZG-Umsetzung vom Beschluss des OZG-Umsetzungskatalogs (siehe oben VII 2) über die Festlegung von OZG-Themenfeldern zur Steuerung der konkreten Umsetzungsmaßnahmen bis hin zur Bereitstellung der erforderlichen föderalen Finanzmittel werden im IT-Planungsrat vorbereitet, beschlossen und in der Umsetzung kontrolliert.

Unterstützt wird der IT-Planungsrat durch die **FITKO Anstalt öffentlichen Rechts** mit Sitz in Frankfurt.

4. Reifegradmodell, Digitalisierungslabore, EfA-Prinzip

Zu den vielen (vom OZG offengelassenen) **Schlüsselfragen**, die im Rahmen der OZG-Umsetzung zu klären (vom IT-Planungsrat zu entscheiden) waren, zählten insbesondere:

- Wann gilt eine Verwaltungsleistung im Sinne des OZG eigentlich als **„umgesetzt"**,
- wie soll die **Konzeption der Umsetzung** eines Online-Dienstes ganz praktisch erfolgen
- und wie können Bund und Länder **bei der Umsetzung effektiv zusammenarbeiten**, insbesondere unnötige Doppelentwicklungen vermieden werden?

Zur Beantwortung der Frage, wann eine **Verwaltungsleistung** im Sinne von § 1 OZG a. F. (nun § 1a OZG 2024) als **umgesetzt** gelten kann, wurde von Bund und Ländern das sogenannten **Reifegradmodell** entwickelt.

Als umgesetzt gilt damit eine Leistung erst dann, wenn die **Leistung, einschließlich aller Nachweise im Hin- und Rückkanal durchgängig digital abgewickelt** werden kann. Dies entspricht dem OZG **Reifegrad 3**.

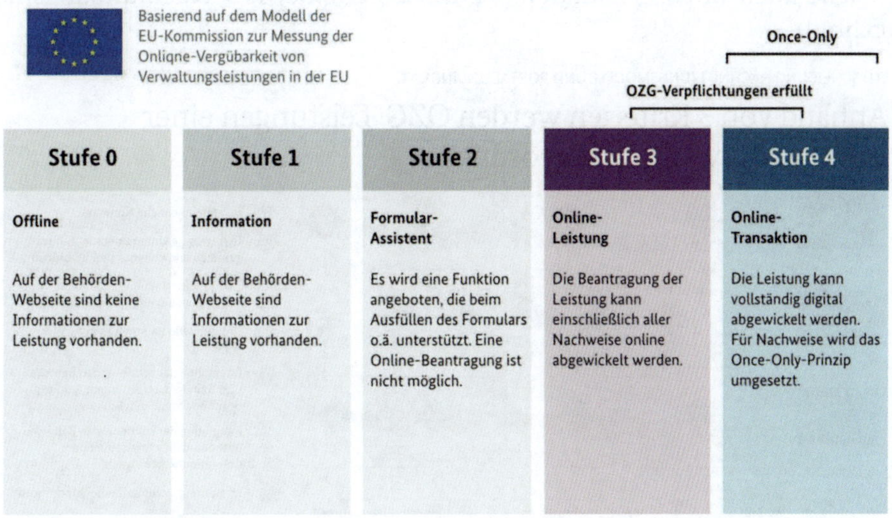

Abb. 13: Reifegradmodell

Zur Konzeption bzw. Umsetzungsplanung haben Bund und Länder im Rahmen der OZG-Umsetzung sehr stark auf das Modell der **„Digitalisierunslabore"** gesetzt. Ziel dieser ist es, Papierformulare nicht einfach 1:1 in digitale PDF-Formulare umzuwandeln, sondern mit der Digitalisierung auch eine **effizientere, technisch hochwertige und nutzerfreundliche Digitalisierung** zu erreichen.

Hierzu werden in mehrtägigen und ggfs. auch mehrwöchigen Digitalisierungslaboren **agile Teams** gebildet, die alle relevanten Stakeholder abbilden sollen. Hierzu zählen insbesondere Verwaltungsmitarbeiter, Juristen, Techniker, Informatiker und IT-Architekten, Organisationsfachleute, aber vor allem auch die Kunden der Verwaltung als Nutzende.

Abb. 14: Digitalisierungslabor

Ein Kernanliegen der OZG-Umsetzung war schließlich die möglichst effektive Zusammenarbeit von Bund und Ländern und die Vermeidung von Doppelentwicklungen. Dazu wurden im Rahmen der Themenfeldarbeit **drei OZG-Nachnutzungsmodelle** entwickelt (siehe auch https://leitfaden.ozg-umsetzung.de/11.1-Nachnutzungsmodelle_12587205.html)

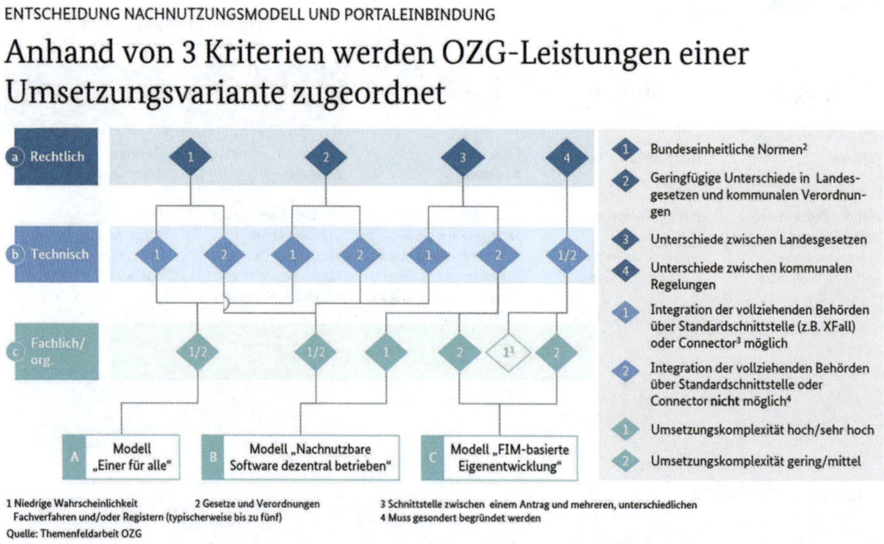

Abb. 15: OZG-Nachnutzungsmodelle A, B und C

Die Unterscheidung zwischen unterschiedlichen Nachnutzungsmodellen mit unterschiedlichen Graden der Vereinheitlichung ist **sinnvoll**, weil die rechtlichen, organisatorischen und technischen Rahmenbedingungen bei über 6 000 Online-Diensten notwendig **stark divergieren**,

- sei es wegen **unterschiedlicher Zuständigkeiten**,
- unterschiedlichem einschlägigem **materiellen Recht** oder auch
- unterschiedlichen **Verwaltungsorganisations-** und/oder **IT-Bedingungen**

in Bund, Ländern und Kommunen.

Beispiel:

Die einheitliche Umsetzung des **BaFöG Antrags** in ganz Deutschland ist sehr einfach, weil bundesweit nicht nur ein Gesetz (das BaFöG), sondern auch einheitliche Verwaltungsvorschriften gelten (BaFöG ist Bundesauftragsverwaltung, die VV kommen daher grundsätzlich einheitlich vom Bund).

Die einheitliche Umsetzung der **Baugenehmigung** ist dagegen schon deutlich schwieriger, weil es zwar ein bundeseinheitliches BauGB gibt, daneben aber 16 unterschiedliche Landesbauordnungen.

Noch schwieriger ist die einheitliche Umsetzung von Online-Diensten naheliegenderweise dann, wenn es **überhaupt keine bundeseinheitlichen Regelungen** gibt, wie etwa bei sog. Typ 4/5-Leistungen (siehe oben VII. 2.)

Trotz der Notwendigkeit einer differenzierten Nachnutzungskonzeption rückte in der Praxis vor allem in den **Jahren 2021 und 2022** die Nachnutzung nach dem sog. **Einer-für-Alle-Prinzip** (Modell A) vorübergehend stark in den Vordergrund. Die Gründe hierfür lagen vor allem darin, dass der Bund in genau diesen beiden Jahren über Konjunkturmittel in Milliardenhöhe verfügte und die Vergabe dieser Mittel an die Einhaltung des EfA-Prinzips knüpfte.

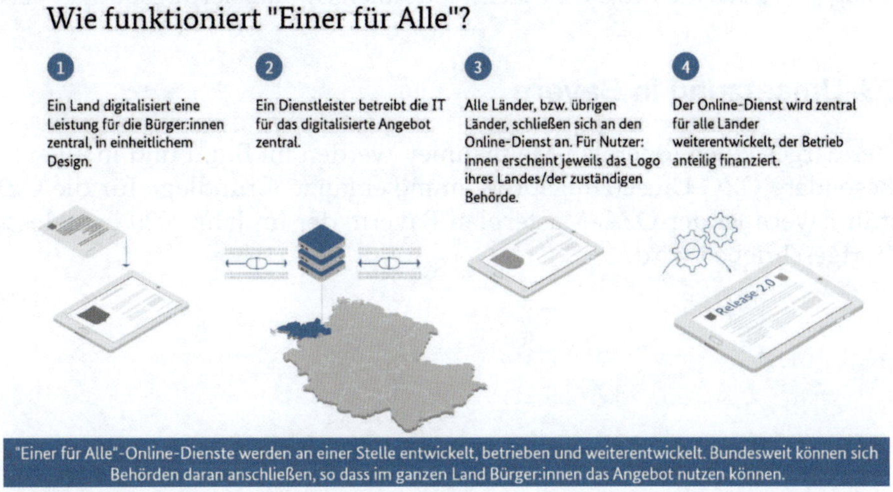

Abb. 16: EfA-Prinzip

Seit 2023 sind die Konjunkturmittel ausgelaufen und der Bund verfügt inzwischen kaum noch über Mittel für die OZG-Umsetzung. Nicht ganz zufällig tritt das EfA-Prinzip seither wieder stärker in den Hintergrund.

5. OZG-Monitoring und Controlling

Den Schlussstein einer erfolgreichen OZG-Umsetzung bildet ein effektives und transparentes Monitoring und Controlling.

Das Projektmonitoring ist inzwischen im **Dashboard Digitale Verwaltung** für die Öffentlichkeit zugänglich. Dieses erlaubt – trotz nach wie vor bestehendem Verbesserungsbedarf – einen vergleichsweise einfachen Zugriff auf die aktuellen OZG-Umsetzungszahlen von Bund, Ländern und Kommunen (https://dashboard.digitale-verwaltung.de/)

Abb. 17: Dashboard Digitale Verwaltung

Das laufende **Controlling** der OZG-Umsetzungsprojekte erfolgt dagegen über die **FITKO,** die zugleich auch die Projektmittel im föderalen Digitalisierungsbudget verwaltet.

6. OZG-Umsetzung in Bayern

Die bisher dargestellten föderalen Maßnahmen werden im Bund und in allen Ländern durch besondere OZG-Umsetzungsprogramme ergänzt. Grundlage für die OZG-Umsetzung in Bayern ist der OZG-Masterplan Bayern, der im Jahr 2020 beschlossen und aktuell fortgeschrieben wird.

Abb. 18: OZG-Masterplan Bayern

Hinweise:

OZG-Masterplan: https://www.stmd.bayern.de/wp-content/uploads/2020/02/MRV-OZG-Masterplan-Anlage-neu.pdf

OZG-Masterplan 2.0: https://digitalplan.bayern/bayern/de/flexPrjList/57903/project/46;jsessionid=5DA0E4CA59491A95DFB1E61E8250AB0F.liveWorker1

Neben dem OZG-Masterplan hat der Freistaat eine ganze Reihe praktischer organisatorischer und technischer Maßnahmen eingeleitet, um die OZG-Umsetzung in Bayern zu beschleunigen. Zu diesen Maßnahmen zählen

- die Einrichtung der **BayKommun AöR** zur Unterstützung der Kommunen bei der OZG-Umsetzung und beim EfA Rollout (siehe https://www.baykommun.bayern/)
- die Gründung der **byte GmbH** zur Unterstützung der Ressorts der Staatsverwaltung bei der Verwaltungsdigitalisierung (https://www.byte.bayern/)
- die Etablierung des Programmes der **BayernPackages**, mit dem mehr als 250 Online-Verwaltungsleistungen für die Kommunen zentral beschafft und ausgerollt werden. Das Programm wird gem. Art. 55a BayDiG gemeinsam von Freistaat und Kommunen finanziert (https://www.stmd.bayern.de/themen/digitale-verwaltung/bayernpackages/).

Der OZG-Masterplan und die weiteren Maßnahmen des Freistaates können bisher als Erfolg angesehen werden. Dies zeigt sich unter anderem am **Ranking Bayerns in der OZG-Umsetzung**:

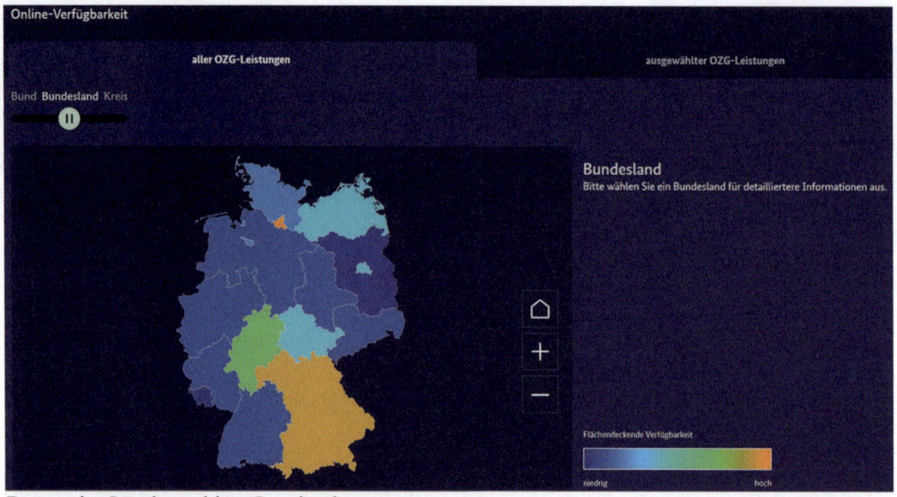

Bayern im Länderranking, Landesebene

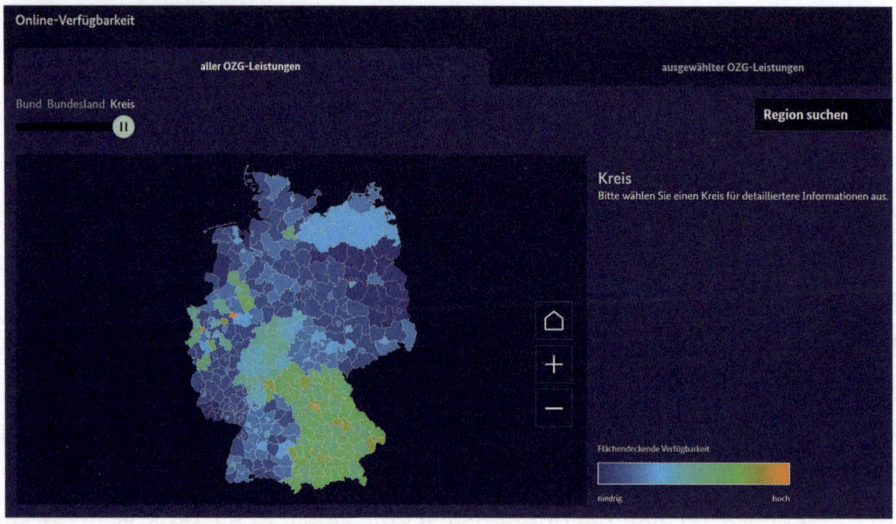

Bayern im Länderranking, Kreisebene

Abb. 19: OZG-Umsetzung Stand in Bayern 2024

Trotz der Erfolge (relativ) zu anderen Ländern ist auch der Freistaat zum Stand 2024 noch deutlich von der Flächendeckung aller relevanten Verwaltungsleistungen entfernt. Dieses Ziel sollte bis 2028 (also bis zur nächsten Landtagswahl) erreicht werden können. Daran wird sich der Freistaat messen lassen müssen.

Teil I
50 Fragen und Antworten zur digitalen Verwaltung in Bayern

I. Anwendungsbereich

1. Fragen zum Anwendungsbereich

1. Auf welche juristischen Personen des öffentlichen Rechts in das BayDiG anwendbar?
2. Das BayDiG ist gem. Art. 1 Abs. 2 grundsätzlich nur auf die öffentlich-rechtliche Tätigkeit von Behörden anwendbar. Gibt es von diesem Grundsatz Ausnahmen? Wo und warum sind diese geregelt?
3. Was ist unter einer Behörde im Sinne des Art. 1 Abs. 2 BayDiG zu verstehen? Ist die Außenstelle Landshut des Landesamts für Finanzen eine Behörde? Ist der Landkreis Regensburg eine Behörde im Sinne des BayDiG?
4. Gilt das BayDiG auch für den Bayerischen Landtag? Begründen Sie Ihre Ansicht.
5. Sind Finanzämter generell vom Anwendungsbereich des BayDiG ausgenommen?
6. Müssen die Sozialbehörden das BayDiG beachten? Macht es einen Unterschied, ob das SGB eigene Regelungen zum E-Government, z. B. zur elektronischen Sozialakte, enthält?
7. Warum sind Krankenhäuser vom Anwendungsbereich des BayDiG ausgenommen?
8. Müssen sich Gesundheitsämter an das BayDiG halten? Wenn ja, warum? Wenn nein, warum nicht? Begründen Sie Ihre Ansicht?
9. Sind (a) das OZG bzw. (b) das EGovG Bund in Bayern anwendbar? Wenn ja, auf welche Behörden?
10. Müssen sich die mit der Verwaltung des BaföG betrauten Ämter
    - an das EGovG Bund,
    - an das BayDiG,
    - an alle Gesetze,
    - an keines der Gesetze halten?

    Begründen Sie Ihre Ansicht.

Für Ihre Notizen:

2. Antworten zum Anwendungsbereich

1. Freistaat Bayern, Gemeinden und Gemeindeverbände sowie sonstige juristische Personen des öffentlichen Rechts unter Aufsicht des Freistaates.
2. Ja, Art. 18 Abs. 1 und Abs. 2 enthalten Regelungen zum elektronischen Zahlungsverkehr und zur E-Rechnung, die auch für das Handeln der öffentlichen Hand in den Rechtsformen des Privatrechts gelten.
3. Stelle, die Verwaltungsaufgaben wahrnimmt (Legaldefinition „Behörde“ in Art. 1 Abs. 4 BayVwVfG). Es ist ein eigenständiges Auftreten unter einer Behördenbezeichnung nach außen und eine gewisse organisatorische Eigenständigkeit erforderlich. Eine Dienststelle (bzw. Außenstelle) ist daher nur ein Teil einer Behörde und keine eigene Behörde. Der Landkreis Regensburg ist eine kommunale Gebietskörperschaft (vgl. Art. 1 Abs. 1 BayDiG). Eine kommunale Gebietskörperschaft kann zwar Träger von Behörden sein. Sie selbst ist aber gerade nicht Behörde im Sinne des BayDiG. Die zuständige Behörde wäre hier das Landratsamt Regensburg (als Kreisbehörde).
4. Nur soweit dieser Verwaltungsfunktionen ausübt (vgl. Art. 1 Abs. 2 Satz 1 BayDiG), also das Landtagsamt.
5. Nein, nur für ihre Tätigkeit nach der AO (Art. 1 Abs. 2 Satz 2 Nr. 2 BayDiG)
6. Das kommt darauf an. Auf Tätigkeiten nach dem SGB II ist das BayDiG gem. Art. 1 Abs. 3 nicht anwendbar, soweit diese von gemeinsamen Einrichtungen nach § 44b SGB II ausgeübt wird. Sonst ist das BayDiG grundsätzlich anwendbar, aber nur, soweit das SGB keine Sonderregelungen enthält. Diese Sonderregelungen, z. B. zu Sozialdaten (vgl. Art. 67a ff SGB X), gehen vor.
7. Krankenhäuser sind aufgrund ihrer Besonderheiten (Dienstleistungsfunktion im Wettbewerb mit Privaten, keine behördenmäßige Organisation) ausgenommen.
8. Ja, es handelt sich um Behörden im Sinne des Gesetzes. Besonderheiten wie bei Krankenhäusern bestehen nicht.
9. (a) Das OZG ist in Bayern grundsätzlich anwendbar. Das BayDiG berücksichtigt aber das OZG und enthält die erforderlichen Ausführungsvorschriften zum OZG für Bayern (insbesondere in den Art. 26 ff). Daher ist für die Verwaltungspraxis die Orientierung am BayDiG in der Regel ausreichend.

   Rechtliche Vertiefungshinweise (als Antwort nicht gefordert): Das Verhältnis von BayDiG zum OZG ist rechtlich sehr kompliziert, weil das OZG sowohl verfahrensrechtliche als auch technikrechtliche Regelungen enthält, die jeweils grundgesetzlich unterschiedlich einzuordnen sind. Die technikrechtlichen Regelungen des OZG zum Portalverbund (vgl. z. B. § 1a und § 3 OZG) sind gem. Art. 91c Abs. 5 GG abweichungsfest. Bayern kann nicht abweichen. Das BayDiG enthält daher keine abweichenden, dafür aber „ausführende“ und „ausfüllende“ Regelungen zur Ergänzung des OZG, insbesondere in den Art. 24 ff. BayDiG („Portalverbund Bayern“). Daneben enthält das OZG aber auch verwaltungsverfahrensrechtliche Regelungen (z. B. § 9 und § 9a OZG, sog. „Abweichungskompetenz“ der Länder). Hier kann Bayern gem. Art. 84 GG vom Bundesrecht abweichen. Insoweit sind z. B. die Vorschriften der Art. 16 ff. BayDiG gegenüber dem OZG hier vorrangig.

   (b) Das EGovG Bund ist in Bayern ebenfalls grundsätzlich anwendbar. Allerdings hat Bayern in Art. 1 Abs. 4 BayDiG explizit von seiner Abweichungskompetenz Gebrauch gemacht. Das EGovG gilt daher in Bayern nur für die Bundesauftragsverwaltung.

10. Das Bafög-Amt unterliegt der Bundesauftragsverwaltung. Daher sind das OZG, das EGovG Bund und BayDiG nebeneinander anwendbar. Art. 1 Abs. 4 BayDiG stellt klar, dass das EGovG Bund in diesen Fällen gilt, schließt aber die (parallele) Anwendung des BayDiG nicht aus.

II. Rechte der Bürger in der digitalen Verwaltung

1. Fragen zu den Rechten der Bürger

1. Bayern hat als einziges Bundesland Rechte in der digitalen Verwaltung im BayDiG verankert. Wo ist dies geregelt? Warum hat sich der Gesetzgeber zu diesem Schritt entschlossen?
2. Gem. Art. 11 Abs. 1 Satz 1 BayDiG hat jeder Bürger das Recht auf eine digitale Identität. (a) Welche Dienste umfasst die digitale Identität gem. Art. 11 BayDiG? (b) Können die Behörden auf die in der digitalen Identität gespeicherten Daten und Dokumente des Bürgers zugreifen?
3. Art. 12 BayDiG regelt den Inhalt der Rechte der Bürger nicht selbst, sondern verweist auf die Art. 16 bis 19 BayDiG, die die Pflichten der Behörden regeln. Ist Art. 12 BayDiG dann nicht eigentlich überflüssig?
4. Die Bürger haben Rechte im E-Government. Sind sie auch zum E-Government verpflichtet?
5. Behördenleiter Dieter Digital möchte auf „Nummer sicher" gehen. Als ihn sein Verwaltungsleiter auf die Verpflichtung zur elektronischen Zugangseröffnung und zum Angebot von Verschlüsselungen hinweist, entschließt sich Dieter Digital daher, den Zugang zu einem Amt ausschließlich auf dem Wege über eine PGP verschlüsselte E-Mail zuzulassen. Den zur Nutzung erforderlichen öffentlichen Schlüssel stellt er auf seiner Behörden-Homepage bereit. Der Bürger Anton Analog möchte eine Anfrage zu Öffnungszeiten jedoch per einfacher E-Mail an die Behörde richten. Kann Anton Analog die Zugangseröffnung für eine einfache E-Mail verlangen?
6. Art. 12 Abs. 1 i. V. m. 19 Abs. 3 BayDiG gibt dem Bürger in bestimmten Verfahren einen Anspruch auf eine elektronische Identifizierung. Kann der Bürger von der Behörde ein bestimmtes Identifizierungsverfahren, z. B. eine Identifizierungsmöglichkeit mit der elektronischen Identifizierungsfunktion seines neuen Personalausweises, verlangen?
7. Hat der Bürger gegenüber den Behörden einen Anspruch auf
   - die elektronische Bereitstellung von Geodatendiensten,
   - die elektronische Bereitstellung eines Baugenehmigungsantrags,
   - die komplette elektronische Durchführung des Baugenehmigungsverfahrens?
8. Kann der Bürger verlangen, dass eine Behörde auf ihrer Website einen E-Payment-Dienst anbietet?
9. Der Unternehmer Gerhard Geiz möchte aus Kostengründen seine Rechnungen ab 1.1.2025 nur noch elektronisch bei der Behörde einreichen. Hat Gerhard Geiz einen Anspruch auf elektronische Entgegennahme seiner Rechnungen?
10. Stefan Schlingel möchte Nachweise für einen Förderantrag gerne elektronisch als PDF-Datei bei der Behörde einreichen. Hat Stefan Schlingel ein Recht auf rein elektronische Nachweise? Kann die Behörde von Stefan Schlingel die Originale verlangen? Kann die Behörde auch generell bei allen Förderanträgen auf Originalnachweise bestehen?

Für Ihre Notizen:

2. Antworten zu den Rechten der Bürger

1. Der Freistaat Bayern räumt den Bürgerinnen und Bürgern traditionell starke subjektive, einklagbare Rechte ein, die über das in Deutschland übliche Maß hinausgehen (Volksbegehren und Volksentscheid Art. 71 ff BV, Petitionsrecht auch bei den Behörden Art. 115 BV, Popularklage Art. 120 BV, Recht auf freien Naturgenuss Art. 141 Abs. 3 BV). Dementsprechend enthält auch das BayDiG in den Art. 8 ff. einen Katalog digitaler Rechte und Gewährleistungen. Das E-Government soll in Bayern primär bei den Nutzern ansetzen. Die Nutzer sollen „Motor" des E-Government werden, indem sie ihre Rechte ausüben.
2. (a) Die digitale Identität umfasst gem. Art. 11 Abs. 1 Satz 2 BayDiG
   - die Bereitstellung digitaler Identitätsdienste zur sicheren Abwicklung digitaler Kontakte mit den Behörden,
   - zur Inanspruchnahme digitaler öffentlicher Dienste,
   - zur Durchführung von Verwaltungsverfahren und
   - zum Empfang, zur Vorlage und Archivierung von Belegen und Nachweisen.

   (b) Die in der digitalen Identität gespeicherten amtlichen Dokumente sind gem. Art. 11 Abs. 4 Satz 1 der Sphäre des Inhabers zuzurechnen, dauerhaft zu sichern und gegen den unbefugten Zugriff Dritter zu schützen. Ein Zugriff auf die im Rahmen der digitalen Identität gespeicherten digitalen Dokumente ist gem. Art. 11 Abs. 4 Satz 2 BayDiG ohne Einwilligung des Inhabers nur unter den strengen Voraussetzungen der §§ 94, 95, 97 und 98 der Strafprozeßordnung (StPO) zulässig.
3. Nein, Art. 11 Abs. 3 Satz 1 und 12 Abs. 1 Satz 3 BayDiG
4. Nein. Die Art. 16 bis 19 begründen für sich gesehen grundsätzlich „nur" Pflichten der Behörden, aber noch keine Rechte der Bürger. Art. 12 Abs. 1 BayDiG begründet dagegen klagbare Rechte der Bürger.
5. Anton Analog kann zumindest ein allgemein verbreitetes, ohne besondere Kenntnisse nutzbares Kommunikationsverfahren verlangen. Dies kann E-Mail sein, alternativ wären auch Kontaktformulare auf einer Website oder die Kommunikation über ein Verwaltungsportal denkbar.
6. Ja, Art. 19 Abs. 3 BayDiG sieht ausdrücklich die eID-Funktion des neuen Personalausweises vor.
7. Diese Ansprüche bestehen gem. Art. 16 Abs. 1 und 19 Abs. 1 BayDiG nur, soweit die Behörde überhaupt für den Dienst oder das Verfahren zuständig ist und soweit das Verfahren für ein elektronisches Angebot geeignet ist. Beim Baugenehmigungsverfahren muss die Behörde auch prüfen, ob zumindest ein Online-Antrag geeignet ist, was zu vermuten ist.
8. Grundsätzlich ja, sofern sich ein elektronisch durchgeführtes Verwaltungsverfahren in geeigneter Weise, also technisch und wirtschaftlich sinnvoll, mit einem E-Payment-System verknüpfen lässt (Art. 18 Abs. 1 BayDiG).
9. Ja, vgl. Art. 18 Abs. 2 Satz 1 BayDiG und § 14 UStG (seit 1.1.2025).
10. Die Behörde kann weiter im Einzelfall und für bestimmte Verfahren die Originale verlangen. Die Ermessensentscheidung ist von der Behörde zu begründen. Vgl. Art. 23 Abs. 1 Satz 2 BayDiG.

III. Elektronische Kommunikation, Dienste und Verfahren

1. Fragen zu Kommunikation, Diensten und Verfahren

1. Mit welchen Verfahren kann die Behörde ihre Verpflichtung zur Eröffnung eines Zugangs gem. Art. 16 Satz 1 BayDiG erfüllen?
2. Welche Verfahren des Schriftformersatzes sind in Bayern für Bürger und für Behörden in Verwaltungsverfahren grundsätzlich zugelassen? Wo ist dies geregelt?
3. Enthält das BayDiG besondere Regelungen zum Schriftformersatz? Wenn ja, wo ist dies geregelt?
4. Was ist die eID-Funktion des Personalausweises? Nennen Sie zwei ihrer rechtlichen Funktionen.
5. Müssen Behörden ihre Dienste auch online bereitstellen? Begründen Sie Ihre Ansicht unter Nennung der einschlägigen Vorschrift.
6. Können Gemeinden ihre Amtsblätter (a) zusätzlich (b) ausschließlich elektronisch bekannt machen.
7. Müssen Behörden ihre Verwaltungsverfahren online anbieten? Kann die Behörde auf ein elektronisches Verfahren verzichten, wenn die Einführung eines entsprechenden Online-Verfahrens sehr teuer ist?
8. Müssen die Behörden ihre Formulare online bereitstellen? Wenn ja, welche Formulare? Müssen die Formulare als (ausfüllbares) Webformular bereitgestellt werden?
9. Müssen die Behörden E-Payment anbieten?
10. Müssen Behörden elektronische Rechnungen entgegennehmen?

Für Ihre Notizen:

2. Antworten zu Kommunikation, Diensten und Verfahren

1. Art. 16 Satz 1 BayDiG verpflichtet zur Zugangseröffnung für elektronische Dokumente und durch ein Schriftform ersetzendes Verfahren gem. Art. 3a Abs. 2 und 3 BayVwVfG. In Betracht kommt also insbesondere die Zugangseröffnung der E-Mail mit qualifizierter elektronischer Signatur, per De-Mail und über die eID-Funktion des neuen Personalausweises.
2. Für Bürger: Qualifizierte elektronische Signatur, De-Mail, eID-Funktion des neuen Personalausweises. Für Behörden: Qualifizierte elektronische Signatur, elektronisches Siegel, De-Mail, geregelt in Art. 3a Abs. 2 und 3 BayVwVfG.
3. Ja, in Art. 31 Abs. 3 bis 5 BayDiG.
4. Elektronische Identifizierungsfunktion des neuen Personalausweises. Sie hat eine Online-Ausweisfunktion (Identitätsnachweis) und dient als Schriftformersatz.
5. Ja, soweit geeignet, gem. Art. 17 Abs. 1 Satz 1 BayDiG.
6. Sowohl (a) zusätzlich, als auch (b) ausschließlich gem. Art. 17 Abs. 3 BayDiG. Bei ausschließlich elektronischer Publikation sind aber besondere Anforderungen zu beachten (Einsichtsexemplar in der Behörde, besondere Sicherheitsstandards).
7. Ja, soweit geeignet, gem. Art. 19 Abs. 1 Satz 1 BayDiG. Die Behörde kann auf die Einführung eines teuren Verfahrens verzichten, wenn dies wirtschaftlich unverhältnismäßig ist.
8. Ja, alle zur Verfahrensdurchführung notwendigen Formulare gem. Art. 19 Abs. 2 Satz 1 BayDiG. Für die Erfüllung der Pflicht aus Art. 19 Abs. 2 ist die Bereitstellung von ausfüllbaren PDF-Formularen erforderlich.
9. Ja, sofern sich ein elektronisch durchgeführtes Verwaltungsverfahren in geeigneter Weise, also technisch und wirtschaftlich sinnvoll, mit einem E-Payment-System verknüpfen lässt (Art. 18 Abs. 1 BayDiG).
10. Ja, gem. Art. 18 Abs. 2 BayDiG

IV. Elektronische Akte und IT-Sicherheit

1. Fragen zu elektronischer Akte und IT-Sicherheit

1. Müssen die Universitäten ihre Akten elektronisch führen?
2. Landratsämter müssen gem. Art. 33 Abs. 1 Satz 1 BayDiG ihre Akten nicht elektronisch führen. Hat Art. 33 BayDiG für die Landratsämter dennoch Bedeutung?
3. Die Digitalstadt führt ihre Akten elektronisch. Das Analogdorf bleibt dagegen bei der Papierakte. Digitalstadt möchte Akten in elektronischer Form an Analogdorf übermitteln? Muss Analogdorf die elektronische Fassung entgegennehmen oder kann die Gemeinde eine Papierfassung verlangen?
4. Was bedeutet „ersetzendes Scannen"? Wo ist es geregelt?
5. Dürfen oder müssen Dokumente nach dem „ersetzenden Scannen" vernichtet werden?
6. Kann der Bürger Einsicht in seine elektronisch geführte Akte verlangen? Ist dies im BayDiG geregelt?
7. Nennen Sie die drei wesentlichen Pflichten der Behörden aus Art. 43 BayDiG.
8. Muss die Gemeinde Chiemsee (230 Einwohner) ein eigenes Informationssicherheitskonzept erstellen?
9. Was ist „BSI-Grundschutz" und was bedeutet „CISIS12"?
10. Was ist das LSI? Wo ist es geregelt? Nennen Sie drei wesentliche Befugnisse.

Für Ihre Notizen:

2. Antworten zu elektronischer Akte und IT-Sicherheit

1. Nein, elektronische Akten sollen nur staatliche Behörden führen. Universitäten sind eigenständige juristische Personen des öffentlichen Rechts.
2. Ja. Wenn eine Behörde (freiwillig) Akten elektronisch führt, dann muss sie sich an die übrigen Vorgaben des Art. 33 BayDiG halten (ordnungsgemäße Aktenführung, Standards für das ersetzende Scannen etc.) – „Wenn-dann-Prinzip".
3. Nach Art. 33 Abs. 2 erfolgt die elektronische Aktenübermittlung zwischen Behörden, die Akten elektronisch führen. Da Analogdorf bei der Papierakte geblieben ist, kann die Gemeinde die elektronische Übermittlung ablehnen und eine Papierfassung verlangen.
4. Ersetzendes Scannen bedeutet das beweissichernde Übertragen eines Papieroriginals in eine digitale Kopie mit dem Ziel, das Papieroriginal nach dem ordnungsgemäßen Scanvorgang grundsätzlich zu vernichten, geregelt in Art. 33 Abs. 3 BayDiG.
5. Die Originale **dürfen** vernichtet werden, soweit keine Pflicht zur Rückgabe oder Aufbewahrung besteht. Eine Pflicht zum Vernichten besteht nicht, vielmehr hat die Behörde ein Ermessen. Die Vernichtung (bzw. Rücksendung) wird jedoch aus wirtschaftlichen wie organisatorischen Gründen in der Regel angebracht sein.
6. Ja, gem. Art. 34 BayDiG
7. Informationssicherheitskonzepte erstellen (Abs. 1), Qualifikation der Leitungsebene der Behörde sicherstellen (Abs. 2) sowie IT-Sicherheitsvorfälle an das LSI (Abs. 3) melden.
8. Ja, allerdings nur im erforderlichen Umfang (vgl. Art. 43 Abs. 1 Satz 1 und 2 BayDiG)
9. BSI-Grundschutz: BSI Standard für die IT Sicherheit, ca. 4 000 Seiten. CISIS12 (InformationsSIcherheitsmanagementSystem in zwölf Schritten): ISMS (Informationssicherheitsmanagementsystem) des Bayerischen IT-Sicherheitsclusters, vom IT-Planungsrat anerkannt, für KMU und kleine bis mittlere Kommunen geeignet.
10. Landesamt für Sicherheit und Informationstechnik, geregelt in den Art. 41 ff. BayDiG. Wesentliche Befugnisse sind Gefahrenabwehr in der IT-Sicherheit (IT-S) im Behördennetz (Art. 44), Untersuchungen zur IT-S (Art. 45), Definition von IT-Sicherheitsmindeststandards (Art. 46) sowie Warnungen und Empfehlungen zur IT-S (Art. 47).

V. Portalverbund Bayern, Basisdienste und Organisation

1. Fragen zum Portalverbund Bayern, zu Basisdiensten und Organisation

1. Wo ist der Portalverbund Bayern geregelt. Welchen Zweck haben diese Regelungen im Verhältnis zum OZG?
2. Aus welchen Teilen besteht der Portalverbund Bayern?
3. Nennen Sie mindestens drei Pflichten des Freistaates Bayern in Bezug auf den Portalverbund Bayern.
4. Nennen Sie mindestens drei Pflichten, die Behörden in Bezug auf den Portalverbund Bayern haben.
5. Welche Identifizierungsmöglichkeiten für die Nutzer sind an den Nutzerkonten zugelassen? Nennen Sie bitte mindestens drei Möglichkeiten.
6. Dürfen die Behörden Online-Dienste ohne Identifizierung des Antragstellers am Nutzerkonto bereitstellen und annehmen?
7. Kann der Freistaat Bayern Anwendungen zur behördenübergreifenden Nutzung bereitstellen?
8. Was sind „Basisdienste", was sind „zentrale Dienste" im Sinne des BayDiG? Wo ist das geregelt?
9. Was ist die BayKommun? Wer sind ihre Träger? Was sind ihre wichtigsten beiden Aufgaben?
10. Was sind „gemeinsam finanzierte Dienste"?

Für Ihre Notizen:

2. Antworten zum Portalverbund Bayern, zu Basisdiensten und Organisation

1. Art. 26 ff. Der Portalverbund Bayern ist die Standard-Kommunikationsinfrastruktur zwischen Behörden und Nutzern in Bayern (vgl. Art. 26 Abs. 1 Satz 3). Die Regelungen dienen zudem der Umsetzung des OZG in Bayern. Der Portalverbund Bayern ist auch das Verwaltungsportal des Freistaates Bayern im Sinne des § 1 Abs. 2 OZG (vgl. Art. 26 Abs. 1 Satz 4).
2. Der Portalverbund Bayern umfasst das BayernPortal und das Organisationsportal Bayern. (vgl. Art. 26 Abs. 1 Satz 2).
3. Der Freistaat Bayern (a) errichtet und (b) betreibt den Portalverbund Bayern und legt (über das StMD) die erforderlichen technischen Standards fest, vgl. Art. 26 Abs. 1 Satz 1, Abs. 2 Satz 2.
4. Über den Portalverbund Bayern werden von den Behörden u. a. (a) aktuelle Informationen über Verwaltungsleistungen zur Verfügung gestellt, (b) der digitale Zugang zur Verwaltung nach Art. 16 eröffnet (c) und Verwaltungsverfahren nach Maßgabe der Art. 19 bis 25 abgewickelt (vgl. Art. 26 Abs. 2 Satz 2 BayDiG).
5. Die Nutzer können sich gem. Art. 31 Abs. 1 BayDiG am Nutzerkontos identifizieren (a) durch einen Identitätsnachweis nach § 18 PAuswG, nach § 78 Abs. 5 AufenthG oder nach § 12 eIDKG, (b) durch ein sicheres Verfahren nach § 87a Abs. 6 Satz 1 AO oder (c) durch Dienste anderer Mitgliedstaaten, die auf dem Vertrauensniveau „substanziell" oder „hoch" notifiziert worden sind.
6. Ja, die zuständige Behörde kann von einer Identifizierung durch ein Verfahren im Sinne des Satzes 1 für einzelne Verwaltungsverfahren absehen, soweit Sicherheitsbedenken nicht entgegenstehen, vgl. Art. 31 Abs. 2 Satz 2 BayDiG.
7. Ja, der Freistaat Bayern soll Basisdienste zur behördenübergreifenden Nutzung bereitstellen, vgl. Art. 37 Abs. 2 BayDiG.
8. Bei Basisdiensten liegt die datenschutzrechtliche Verantwortung für die Nutzung bei der nutzenden Stelle. Bei zentralen Diensten liegt die datenschutzrechtliche Verantwortung beim Staatsministerium für Digitales oder beim Staatsministeriums der Finanzen und für Heimat. Dies ist in Art. 37 Abs. 3 BayDiG geregelt.
9. Die BayKommun ist als Kompetenzzentrum für die Bereitstellung digitaler Verwaltungsleistungen an Bürger sowie Unternehmen auf kommunaler Ebene verantwortlich. Träger sind Freistaat und Kommunen. Die wichtigsten Aufgaben sind (a) der rechtssichere Transport von EfA-Leistungen anderer Länder an die bayerischen Kommunen und (b) die Koordinierung der Bereitstellung von digitalen Verwaltungsleistungen durch IT-Dienstleister für die Kommunen (vgl. Art. 52, 53 BayDiG).
10. Gemeinsam finanzierte Dienste sind technische Lösungen für die Verwaltungsdigitalisierung, die vom Freistaat Bayern, den Gemeindeverbände und Gemeinden gem. Art. 55a BayDiG gemeinsam finanziert werden.

Stichwortverzeichnis

X

Z